交通运输企业主要负责人和安全生产管理人员培训丛书

城市轨道交通运输企业

主要负责人和安全生产管理人员培训教材

本书编写组　编

交通运输部安全委员会办公室　审定

《中华人民共和国安全生产法》第二十四条

生产经营单位的主要负责人和安全生产管理人员必须具备与本单位所从事的生产经营活动相应的安全生产知识和管理能力。

道路运输单位的主要负责人和安全生产管理人员，应当由主管的负有安全生产监督管理职责的部门对其安全生产知识和管理能力考核合格……

人民交通出版社股份有限公司
China Communications Press Co.,Ltd.

内 容 提 要

本书根据《安全生产法》对企业主要负责人和安全生产管理人员的要求编写。全书共分六章，主要包括安全生产法律法规、城市轨道交通运营企业安全生产主体责任、城市轨道交通运营企业安全基础管理、危险源辨识与隐患排查、应急救援与事故处置、典型事故案例分析等内容。

本书可作为城市轨道交通运营企业主要负责人和安全生产管理人员的安全知识和管理能力考核培训教材。

图书在版编目（CIP）数据

城市轨道交通运输企业主要负责人和安全生产管理人员培训教材 /《城市轨道交通运输企业主要负责人和安全生产管理人员培训教材》编写组编. —北京：人民交通出版社股份有限公司，2016.6

ISBN 978-7-114-12999-5

Ⅰ.①城… Ⅱ.①城… Ⅲ.①城市铁路—交通运输安全—交通运输管理—技术培训—教材 Ⅳ.①U239.5

中国版本图书馆 CIP 数据核字(2016)第 099951 号

Chengshi Guidao Jiaotong Yunshu Qiye Zhuyao Fuzeren he Anquan Shengchan Guanli Renyuan Peixun Jiaocai

书　　名：城市轨道交通运输企业主要负责人和安全生产管理人员培训教材
著 作 者：本书编写组
责任编辑：林宇峰
出版发行：人民交通出版社股份有限公司
地　　址：(100011)北京市朝阳区安定门外外馆斜街 3 号
网　　址：http://www.ccpress.com.cn
销售电话：(010)59757973
总 经 销：人民交通出版社股份有限公司发行部
经　　销：各地新华书店
印　　刷：北京鑫正大印刷有限公司
开　　本：880×1230　1/32
印　　张：7.375
字　　数：198 千
版　　次：2016 年 6 月　第 1 版
印　　次：2016 年 6 月　第 1 次印刷
书　　号：ISBN 978-7-114-12999-5
定　　价：30.00 元

交通运输企业主要负责人和安全生产管理人员培训丛书

编 委 会

鸣 谢:北京中平科学技术院

前　言

《中华人民共和国安全生产法》(以下简称《安全生产法》)第二十四条规定:"生产经营单位的主要负责人和安全生产管理人员必须具备与本单位所从事的生产经营活动相应的安全生产知识和管理能力。危险物品的生产、经营、储存单位以及矿山、金属冶炼、建筑施工、道路运输单位的主要负责人和安全生产管理人员,应当由主管的负有安全生产监督管理职责的部门对其安全生产知识和管理能力考核合格。"为了使交通运输企业主要负责人和安全生产管理人员能够不断学习安全生产管理知识,提高安全生产管理能力,并通过主管部门的考核,我们组织编写了《交通运输企业主要负责人和安全生产管理人员培训丛书》。本套丛书共分10册:

(1)《城市公共汽车客运企业主要负责人和安全生产管理人员培训教材》;

(2)《城市轨道交通运输企业主要负责人和安全生产管理人员培训教材》;

(3)《出租汽车企业主要负责人和安全生产管理人员培训教材》;

(4)《道路旅客运输企业主要负责人和安全生产管理人员培训教材》;

(5)《道路危险货物运输企业主要负责人和安全生产管理人员培训教材》;

(6)《道路普通货物运输企业主要负责人和安全生产管理人员培训教材》;

(7)《道路货物运输站场主要负责人和安全生产管理人员培训教材》;

(8)《机动车维修企业主要负责人和安全生产管理人员培训教材》;

(9)《汽车客运站主要负责人和安全生产管理人员培训教材》;

(10)《交通运输建筑施工企业主要负责人和安全生产管理人员培训教材》。

本套丛书根据交通运输企业实际情况,按照理论与实践相结合的原则进行编写,根据交通运输各经营类别的特点,将安全生产管理知识充分融入实际工作之中,使企业主要负责人和安全生产管理人员能够通过学习切实提高安全知识水平和实际安全生产管理能力。

本书经过大量的现场咨询考察和调研编写而成,具备如下特点:

(1)2014 年 8 月 31 日,新修订的《中华人民共和国安全生产法》中,对主要负责人和安全生产管理人员的主要职责进行了明确。本教材根据修订的《安全生产法》和 2014 年 1 月 1 日实施的《中华人民共和国特种设备安全法》,以及根据《职业病防治法》《中华人民共和国突发事件应对法》等法律和《生产安全事故报告和调查处理条例》等法规,并结合《城市轨道交通运营管理办法》等部门规章,对轨道运营企业的主要负责人和安全生产管理人员提出了新规定和要求。

(2)该教材主要体现了《安全生产法》中提出生产经营单位应当承担安全生产主体责任,对主要负责人和安全生产管理人员的安全职责做了具体要求,明确了其相应的法律责任。从刑事责任、行政责任和民事责任三个方面介绍了安全生产领域的法律责任及相关规定,强化其安全生产法律意识,帮助其认真落实安全生产责任和加强安全生产管理工作，依法做到安全生产。

(3)本教材能够满足城市轨道交通运营单位的主要负责人和安全生产管理人员安全培训的要求，可以作为相关人员安全知识和管理能力考核教材。

本书由马娜、王谱主编，刘新娜、张建新、明长春、徐爱军参与编写。

由于编者的水平有限，书中难免有不妥之处，敬请广大读者批评指正。

交通运输企业主要负责人和安全生产管理人员培训丛书编委会

2016 年 3 月 15 日

目 录

第一章　安全生产法律法规

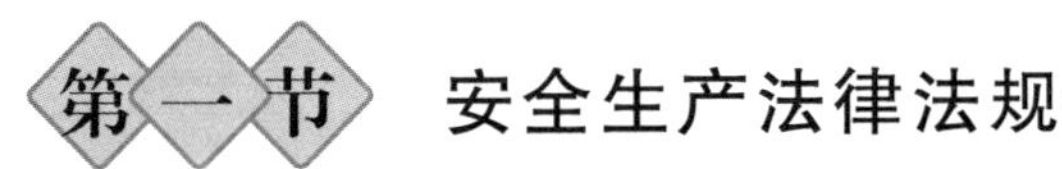

第一节　安全生产法律法规体系

一、法的概念、本质和特征

❶ 法的概念

法有狭义和广义之分，从广义上讲，国家按照统治阶级利益和意志制定或者认可的，并由国家强制力保证其实施的行为规范的总和即为法，而狭义上的法，包括宪法、法律、行政法规、地方性法规、行政规章等各种成文法在内具体的法律规范。

❷ 法的本质

法的最本质的属性是统治阶级的意志，而不是任何个人的意志，更不是超阶级的共同意志。统治阶级的意志决定于统治阶级的物质生活条件，这种物质生活条件构成法的基础。法作为统治阶级的意志可以体现在以下 3 个方面：

(1) 意志内容的一般性；

(2) 意志内容的客观性；

(3) 意志内容的统一性。

❸ 法的特征

法所表现的意志首先是一种社会意识形态，但又不单纯是意识形态，而是一种社会规范。它为人们规定一定的行为规则，指示人们在特定的条件下可以做什么，必须做什么，禁止做什么，即规定人们享有的权利和应当履行的义务，从而调整人们在社会生活中的相互关系。法作为一种社会规范，在其发生作用的范围内具有普遍性、稳定性和约束力。社会规范很多，诸如道德、风俗习惯、宗教教规，以及各种社会团体的规章等。法与上述社会规范不同，法是一种特殊的社会规范，这表现在法具有以下4个特征：

(1)法是由特定的国家机关制定的；

(2)法是依照特定的程序制定的；

(3)法具有国家强制性；

(4)法是调整人们行为的社会规范。

二、安全生产法律体系

我国安全生产法律法规体系，是指我国全部现行的、不同的安全生产法律规范形成的有机联系的统一整体，是国家法律法规体系的一部分。按照其法律地位和法律效力的层级划分为法律、法规、规章以及安全生产标准，如图1-1所示。

❶ 安全生产法律

安全生产法律特指由全国人民代表大会及其常务委员会依照一定的立法程序制定和颁布的规范性文件。我国安全生产法律包括基础法律、专门法律和相关法律等。

1)基础法

《中华人民共和国安全生产法》是综合安全生产法律制度的法律，属于基础法，它适用于与生产经营活动安全有关的所有行为、单位、部门，是我国安全生产法律体系的核心。

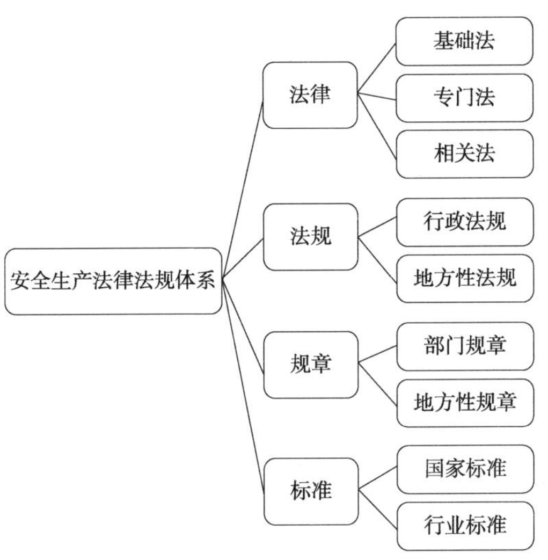

图 1-1　安全生产法律法规体系

2）专门法

专门的安全生产法律是规范某一专业领域生产法律制度的法律，我国在专业领域的法律有《中华人民共和国道路交通安全法》、《中华人民共和国消防法》、《中华人民共和国特种设备安全法》等。

3）相关法

与安全生产相关的法律是指安全生产专门法律以外的其他法律中涵盖有安全生产内容的法律，如《中华人民共和国劳动法》、《中华人民共和国工会法》等。

❷ 安全生产法规

我国现行的法规分为行政法规和地方性法规。

1）行政法规

安全生产行政法规是由国务院组织制定并批准公布的，是为实施安全生产法律或规范安全生产监督管理制度而制定并颁布的一系列具体规定，是实施安全生产监督管理和监察工作的重要依据。安全生产行政法规有《中华人民共和国道路运输条例》、《生产安全事故报告和调查处理条例》等。

2）地方性法规

安全生产地方性法规是指由有立法权的地方权力机关——人民代表大会及其常务委员会依照法定职权和程序制定和颁布的、实行于本行政区域的规范性文件。各省人大及常委会通过的安全生产条例等有关国家法律法规的实施办法、条例等均属于安全生产地方性法规。

❸ 安全生产规章

1）部门规章

安全生产部门规章是指国务院的部、委员会和直属机构依照法律、行政法规或者国务院授权指定的在全国范围内实施安全生产行政管理的规范性文件，如《道路运输从业人员管理规定》、《交通运输突发事件应急管理规定》、《道路旅客运输及客运站管理规定》等。

2）地方性规章

安全生产地方性规章是由省、自治区、直辖市、较大的市（省、自治区政府所在地的市、经济特区政府所在地的市和经国务院批准的较大的市）的人民政府根据法律、行政法规和本省、自治区、直辖市的地方性法规制定的规章。

❹ 安全生产标准

安全生产标准是围绕如何消除、限制或预防劳动过程中的危险和有害因素，保护职工安全与健康，保障设备、生产正常运行而制定的统一规定。依据《中华人民共和国标准化法》的规定，标准的层次依次为：国家标准、行业标准、地方标准、企业标准，列入安全生产法律体系的主要是指国家标准和行业标准,国家标准、行业标准又分为强制性标准和推荐性标准。

❺ 安全生产法律法规的法律效力及相互关系

(1)安全生产法律的地位和效力次于宪法,其规定不得同宪法相抵触。安全生产法律效力高于行政法规、地方性法规和行政规章。

(2)行政法规的法律地位和法律效力次于宪法和法律,但高于地方性法规、行政规章。行政法规在中华人民共和国领域内具有约束力,这种约束力体现在两个方面:一是约束国家行政机关自身的效力,二是约束行政管理相对人的效力。

(3)地方性法规的法律效力高于本级和下级地方政府规章。地方性法规与部门规章之间对同一事项的规定不一致,不能确定如何适用时,由国务院提出意见,国务院认为应当适用地方性法规的,应当决定在该地方适用地方性法规的规定;认为应当适用部门规章的,应当提请全国人民代表大会常务委员会裁决。

(4)部门规章之间、部门规章与地方政府规章之间具有同等效力,在各自的权限范围内施行。部门规章之间、部门规章与地方政府规章之间对同一事项的规定不一致时,由国务院裁决。

(5)同一机关制定的法律、行政法规、地方性法规、自治条例和单行条例、规章,特别规定与一般规定不一致的,适用于特别规定;新规定与旧规定不一致的,适用于新规定。

三、城市轨道交通运输相关法律法规体系框架

城市轨道交通运输相关法律法规体系框架如图 1-2 所示。

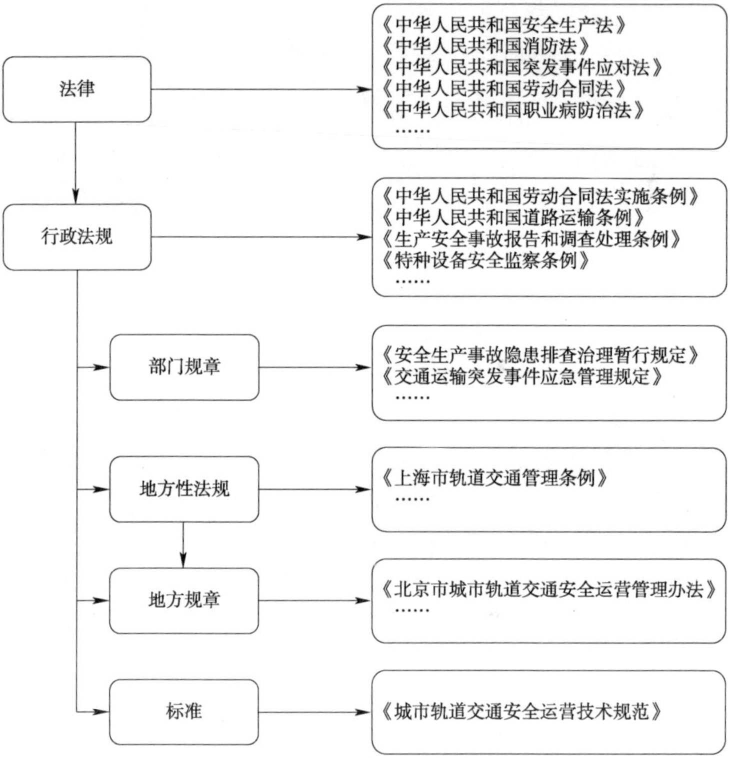

- 法律
  - 《中华人民共和国安全生产法》
  - 《中华人民共和国消防法》
  - 《中华人民共和国突发事件应对法》
  - 《中华人民共和国劳动合同法》
  - 《中华人民共和国职业病防治法》
  - ……
- 行政法规
  - 《中华人民共和国劳动合同法实施条例》
  - 《中华人民共和国道路运输条例》
  - 《生产安全事故报告和调查处理条例》
  - 《特种设备安全监察条例》
  - ……
- 部门规章
  - 《安全生产事故隐患排查治理暂行规定》
  - 《交通运输突发事件应急管理规定》
  - ……
- 地方性法规
  - 《上海市轨道交通管理条例》
  - ……
- 地方规章
  - 《北京市城市轨道交通安全运营管理办法》
  - ……
- 标准
  - 《城市轨道交通安全运营技术规范》

图 1-2　城市轨道交通运输相关法律法规体系框架

第二节　中华人民共和国安全生产法

《中华人民共和国安全生产法》(以下简称《安全生产法》)于2002 年 6 月 29 日经第九届全国人民代表大会常务委员会第二十八次会议通过,2002 年 11 月 1 日起施行。

2014 年 8 月 31 日,第十二届全国人民代表大会常务委员会第十次会议通过了《全国人民代表大会常务委员会关于修改〈中华人民共和国安全生产法〉的决定》（中华人民共和国主席令第七十号），并于2014年12月1日起施行。

一、法律地位和立法目的

《安全生产法》是我国第一部全面规范安全生产的专门法律，在安全生产法律法规体系中法律地位和法律效力是最高的。它是我国安全生产法律体系的主体法，是各类生产经营单位及其从业人员实现安全生产必须遵循的行为准则，是各级人民政府及其有关部门进行监督管理和行政执法的法律依据，是制裁各种安全生产违法犯罪行为的有力武器。

《安全生产法》的立法目的是："为了加强安全生产监督管理，防止和减少生产安全事故，保障人民群众生命和财产安全，促进经济社会持续健康发展，制定本法。"

二、适用范围

《安全生产法》第二条对适用范围作了规定："在中华人民共和国领域内从事生产经营活动的单位（以下统称生产经营单位）的安全生产，适用本法；有关法律、行政法规对消防安全和道路交通安全、铁路交通安全、水上交通安全、民用航空安全以及核与辐射安全、特种设备安全另有规定的，适用其规定。"

三、基本规定

❶ 安全生产管理的方针

第三条　安全生产工作应当以人为本，坚持安全发展，坚持

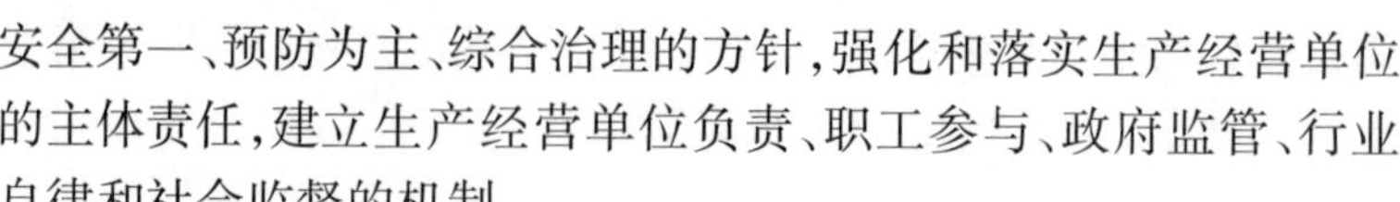

安全第一、预防为主、综合治理的方针，强化和落实生产经营单位的主体责任，建立生产经营单位负责、职工参与、政府监管、行业自律和社会监督的机制。

❷ 安全生产责任制度

第四条　生产经营单位必须遵守本法和其他有关安全生产的法律、法规，加强安全生产管理，建立、健全安全生产责任制和安全生产规章制度，改善安全生产条件，推进安全生产标准化建设，提高安全生产水平，确保安全生产。

第十九条　生产经营单位的安全生产责任制应当明确各岗位的责任人员、责任范围和考核标准等内容。生产经营单位应当建立相应的机制，加强对安全生产责任制落实情况的监督考核，保证安全生产责任制的落实。

❸ 工会在安全生产工作中的地位和权力

第七条　工会依法对安全生产工作进行监督。生产经营单位的工会依法组织职工参加本单位安全生产工作的民主管理和民主监督，维护职工在安全生产方面的合法权益。生产经营单位制定或者修改有关安全生产的规章制度，应当听取工会的意见。

《安全生产法》第五十七条明确了工会参加安全管理的监督的权力："工会有权对建设项目的安全设施与主体工程同时设计、同时施工、同时投入生产和使用进行监督，提出意见。工会对生产经营单位违反安全生产法律、法规，侵犯从业人员合法权益的行为，有权要求纠正；发现生产经营单位违章指挥、强令冒险作业或者发现事故隐患时，有权提出解决的建议，生产经营单位应当及时研究答复；发现危及从业人员生命安全的情况时，有权向生产经营单位建议组织从业人员撤离危险场所，生产经营单位必须立即作出处理。工会有权依法参加事故调查，向有关部门提出处理意见，并要求追究有关人员的责任。"

❹ 安全生产事故责任追究

第十四条　国家实行生产安全事故责任追究制度，依照本法和有关法律、法规的规定，追究生产安全事故责任人员的法律责任。

❺ 安全生产标准

第十条　国务院有关部门应当按照保障安全生产的要求，依法及时制定有关的国家标准或者行业标准，并根据科技进步和经济发展适时修订。生产经营单位必须执行依法制定的保障安全生产的国家标准或者行业标准。

❻ 安全生产宣传教育

第十一条　各级人民政府及其有关部门应当采取多种形式，加强对有关安全生产的法律、法规和安全生产知识的宣传，增强全社会的安全生产意识。

第七十四条　新闻、出版、广播、电影、电视等单位有进行安全生产公益宣传教育的义务，有对违反安全生产法律、法规的行为进行舆论监督的权利。

❼ 安全生产科技进步和奖励

第十五条　国家鼓励和支持安全生产科学技术研究和安全生产先进技术的推广应用，提高安全生产水平。

第十六条　国家对在改善安全生产条件、防止生产安全事故、参加抢险救护等方面取得显著成绩的单位和个人，给予奖励。

第七十三条　县级以上各级人民政府及其有关部门对报告重大事故隐患或者举报安全生产违法行为的有功人员，给予奖励。具体奖励办法由国务院负责安全生产监督管理的部门会同国务院财政部门制定。

四、主要负责人和安全管理人员的安全责任

❶ 主要负责人的安全责任

第五条　生产经营单位的主要负责人对本单位的安全生产工作全面负责。

生产经营单位主要负责人是指对本单位生产经营负全面责任,有生产经营决策权的人员。具体指有限责任公司或股份有限公司的董事长、总经理,其他生产经营单位的厂长、经理、矿长、投资人等。

第十八条　生产经营单位的主要负责人对本单位安全生产工作负有下列职责:

(1)建立、健全本单位安全生产责任制;

(2)组织制定本单位安全生产规章制度和操作规程;

(3)组织制定并实施本单位安全生产教育和培训计划;

(4)保证本单位安全生产投入的有效实施;

(5)督促、检查本单位的安全生产工作,及时消除生产安全事故隐患;

(6)组织制定并实施本单位的生产安全事故应急救援预案;

(7)及时、如实报告生产安全事故。

第四十七条　生产经营单位发生生产安全事故时,单位的主要负责人应当立即组织抢救,并不得在事故调查处理期间擅离职守。

❷ 安全管理人员的安全责任

第十九条　生产经营单位的安全生产责任制应当明确各岗位的责任人员、责任范围和考核标准等内容。

生产经营单位应当建立相应的机制,加强对安全生产责任制

落实情况的监督考核,保证安全生产责任制的落实。

第二十条　生产经营单位应当具备的安全生产条件所必需的资金投入,由生产经营单位的决策机构、主要负责人或者个人经营的投资人予以保证,并对由于安全生产所必需的资金投入不足导致的后果承担责任。

有关生产经营单位应当按照规定提取和使用安全生产费用,专门用于改善安全生产条件。安全生产费用在成本中据实列支。安全生产费用提取、使用和监督管理的具体办法由国务院财政部门会同国务院安全生产监督管理部门征求国务院有关部门意见后制定。

第二十一条　矿山、金属冶炼、建筑施工、道路运输单位和危险物品的生产、经营、储存单位,应当设置安全生产管理机构或者配备专职安全生产管理人员。

前款规定以外的其他生产经营单位,从业人员超过一百人的,应当设置安全生产管理机构或者配备专职安全生产管理人员;从业人员在一百人以下的,应当配备专职或者兼职的安全生产管理人员。

第二十二条　生产经营单位的安全生产管理机构以及安全生产管理人员履行下列职责:

(1)组织或者参与拟订本单位安全生产规章制度、操作规程和生产安全事故应急救援预案;

(2)组织或者参与本单位安全生产教育和培训,如实记录安全生产教育和培训情况;

(3)督促落实本单位重大危险源的安全管理措施;

(4)组织或者参与本单位应急救援演练;

(5)检查本单位的安全生产状况,及时排查生产安全事故隐患,提出改进安全生产管理的建议;

(6)制止和纠正违章指挥、强令冒险作业、违反操作规程的行为；

(7)督促落实本单位安全生产整改措施。

第二十三条　生产经营单位的安全生产管理机构以及安全生产管理人员应当恪尽职守,依法履行职责。

生产经营单位作出涉及安全生产的经营决策,应当听取安全生产管理机构以及安全生产管理人员的意见。

生产经营单位不得因安全生产管理人员依法履行职责而降低其工资、福利等待遇或者解除与其订立的劳动合同。

危险物品的生产、储存单位以及矿山、金属冶炼单位的安全生产管理人员的任免,应当告知主管的负有安全生产监督管理职责的部门。

第二十四条　生产经营单位的主要负责人和安全生产管理人员必须具备与本单位所从事的生产经营活动相应的安全生产知识和管理能力。

危险物品的生产、经营、储存单位以及矿山、金属冶炼、建筑施工、道路运输单位的主要负责人和安全生产管理人员,应当由主管的负有安全生产监督管理职责的部门对其安全生产知识和管理能力考核合格。考核不得收费。

第二十五条　生产经营单位应当对从业人员进行安全生产教育和培训,保证从业人员具备必要的安全生产知识,熟悉有关的安全生产规章制度和安全操作规程,掌握本岗位的安全操作技能,了解事故应急处理措施,知悉自身在安全生产方面的权利和义务。未经安全生产教育和培训合格的从业人员,不得上岗作业。

生产经营单位使用被派遣劳动者的,应当将被派遣劳动者纳入本单位从业人员统一管理,对被派遣劳动者进行岗位安全操作规程和安全操作技能的教育和培训。劳务派遣单位应当对被派遣劳动者进行必要的安全生产教育和培训。

生产经营单位接收中等职业学校、高等学校学生实习的，应当对实习学生进行相应的安全生产教育和培训，提供必要的劳动防护用品。学校应当协助生产经营单位对实习学生进行安全生产教育和培训。

生产经营单位应当建立安全生产教育和培训档案，如实记录安全生产教育和培训的时间、内容、参加人员以及考核结果等情况。

第二十六条　生产经营单位采用新工艺、新技术、新材料或者使用新设备，必须了解、掌握其安全技术特性，采取有效的安全防护措施，并对从业人员进行专门的安全生产教育和培训。

第二十七条　生产经营单位的特种作业人员必须按照国家有关规定经专门的安全作业培训，取得相应资格，方可上岗作业。

特种作业人员的范围由国务院负安全生产监督管理部门会同国务院有关部门确定。

第二十八条　生产经营单位新建、改建、扩建工程项目（以下统称建设项目）的安全设施，必须与主体工程同时设计、同时施工、同时投入生产和使用。安全设施投资应当纳入建设项目概算。

第三十二条　生产经营单位应当在有较大危险因素的生产经营场所和有关设施、设备上，设置明显的安全警示标志。

第三十三条　安全设备的设计、制造、安装、使用、检测、维修、改造和报废，应当符合国家标准或者行业标准。

生产经营单位必须对安全设备进行经常性维护、保养，并定期检测，保证正常运转。维护、保养、检测应当作好记录，并由有关人员签字。

第三十四条　生产经营单位使用的危险物品的容器、运输工具，以及涉及人身安全、危险性较大的海洋石油开采特种设备和矿山井下特种设备，必须按照国家有关规定，由专业生产单位生产，并经具有专业资质的检测、检验机构检测、检验合格，取得安全使用证或者安全标志，方可投入使用。检测、检验机构对检测、检验结果负责。

第三十五条　国家对严重危及生产安全的工艺、设备实行淘汰制度，具体目录由国务院安全生产监督管理部门会同国务院有关部门制定并公布。法律、行政法规对目录的制定另有规定的，适用其规定。

省、自治区、直辖市人民政府可以根据本地区实际情况制定并公布具体目录，对前款规定以外的危及生产安全的工艺、设备予以淘汰。

生产经营单位不得使用应当淘汰的危及生产安全的工艺、设备。

第三十六条　生产、经营、运输、储存、使用危险物品或者处置废弃危险物品的，由有关主管部门依照有关法律、法规的规定和国家标准或者行业标准审批并实施监督管理。

生产经营单位生产、经营、运输、储存、使用危险物品或者处置废弃危险物品，必须执行有关法律、法规和国家标准或者行业标准，建立专门的安全管理制度，采取可靠的安全措施，接受有关主管部门依法实施的监督管理。

第三十七条　生产经营单位对重大危险源应当登记建档，进行定期检测、评估、监控，并制定应急预案，告知从业人员和相关人员在紧急情况下应当采取的应急措施。

生产经营单位应当按照国家有关规定将本单位重大危险源及有关安全措施、应急措施报有关地方人民政府安全生产监督管理部门和有关部门备案。

第三十八条　生产经营单位应当建立健全生产安全事故隐患排查治理制度，采取技术、管理措施，及时发现并消除事故隐患。事故隐患排查治理情况应当如实记录，并向从业人员通报。

县级以上地方各级人民政府负有安全生产监督管理职责的部门应当建立健全重大事故隐患治理督办制度，督促生产经营单位消除重大事故隐患。

第三十九条 生产、经营、储存、使用危险物品的车间、商店、仓库不得与员工宿舍在同一座建筑物内，并应当与员工宿舍保持安全距离。

生产经营场所和员工宿舍应当设有符合紧急疏散要求、标志明显、保持畅通的出口。禁止锁闭、封堵生产经营场所或者员工宿舍的出口。

第四十条 生产经营单位进行爆破、吊装以及国务院安全生产监督管理部门会同国务院有关部门规定的其他危险作业，应当安排专门人员进行现场安全管理，确保操作规程的遵守和安全措施的落实。

第四十一条 生产经营单位应当教育和督促从业人员严格执行本单位的安全生产规章制度和安全操作规程；并向从业人员如实告知作业场所和工作岗位存在的危险因素、防范措施以及事故应急措施。

第四十二条 生产经营单位必须为从业人员提供符合国家标准或者行业标准的劳动防护用品，并监督、教育从业人员按照使用规则佩戴、使用。

第四十三条 生产经营单位的安全生产管理人员应当根据本单位的生产经营特点，对安全生产状况进行经常性检查；对检查中发现的安全问题，应当立即处理；不能处理的，应当及时报告本单位有关负责人，有关负责人应当及时处理。检查及处理情况应当如实记录在案。

生产经营单位的安全生产管理人员在检查中发现重大事故

隐患，依照前款规定向本单位有关负责人报告，有关负责人不及时处理的，安全生产管理人员可以向主管的负有安全生产监督管理职责的部门报告，接到报告的部门应当依法及时处理。

第四十四条　生产经营单位应当安排用于配备劳动防护用品、进行安全生产培训的经费。

第四十五条　两个以上生产经营单位在同一作业区域内进行生产经营活动，可能危及对方生产安全的，应当签订安全生产管理协议，明确各自的安全生产管理职责和应当采取的安全措施，并指定专职安全生产管理人员进行安全检查与协调。

第四十六条　生产经营单位不得将生产经营项目、场所、设备发包或者出租给不具备安全生产条件或者相应资质的单位或者个人。

生产经营项目、场所发包或者出租给其他单位的，生产经营单位应当与承包单位、承租单位签订专门的安全生产管理协议，或者在承包合同、租赁合同中约定各自的安全生产管理职责；生产经营单位对承包单位、承租单位的安全生产工作统一协调、管理，定期进行安全检查，发现安全问题的，应当及时督促整改。

第四十七条　生产经营单位发生生产安全事故时，单位的主要负责人应当立即组织抢救，并不得在事故调查处理期间擅离职守。

第四十八条　生产经营单位必须依法参加工伤保险，为从业人员缴纳保险费。

国家鼓励生产经营单位投保安全生产责任保险。

五、生产安全事故的应急救援与调查处理

第七十八条　生产经营单位应当制定本单位生产安全事故应急救援预案，与所在地县级以上地方人民政府组织制定的生产

安全事故应急救援预案相衔接，并定期组织演练。

第七十九条　危险物品的生产、经营、储存单位以及矿山、金属冶炼、城市轨道交通运营、建筑施工单位应当建立应急救援组织；生产经营规模较小的，可以不建立应急救援组织，但应当指定兼职的应急救援人员。

危险物品的生产、经营、储存、运输单位以及矿山、金属冶炼、城市轨道交通运营、建筑施工单位应当配备必要的应急救援器材、设备和物资，并进行经常性维护、保养，保证正常运转。

第八十条　生产经营单位发生生产安全事故后，事故现场有关人员应当立即报告本单位负责人。

单位负责人接到事故报告后，应当迅速采取有效措施，组织抢救，防止事故扩大，减少人员伤亡和财产损失，并按照国家有关规定立即如实报告当地负有安全生产监督管理职责的部门，不得隐瞒不报、谎报或者迟报，不得故意破坏事故现场、毁灭有关证据。

第八十三条　事故调查处理应当按照科学严谨、依法依规、实事求是、注重实效的原则，及时、准确地查清事故原因，查明事故性质和责任，总结事故教训，提出整改措施，并对事故责任者提出处理意见。事故调查报告应当依法及时向社会公布。事故调查和处理的具体办法由国务院制定。

事故发生单位应当及时全面落实整改措施，负有安全生产监督管理职责的部门应当加强监督检查。

第八十四条　生产经营单位发生生产安全事故，经调查确定为责任事故的，除了应当查明事故单位的责任并依法予以追究外，还应当查明对安全生产的有关事项负有审查批准和监督职责的行政部门的责任，对有失职、渎职行为的，依照本法第八十七条的规定追究法律责任。

第八十五条　任何单位和个人不得阻挠和干涉对事故的依

法调查处理。

六、法律责任

第九十条　生产经营单位的决策机构、主要负责人或者个人经营的投资人不依照本法规定保证安全生产所必需的资金投入，致使生产经营单位不具备安全生产条件的，责令限期改正，提供必需的资金；逾期未改正的，责令生产经营单位停产停业整顿。

有前款违法行为，导致发生生产安全事故的，对生产经营单位的主要负责人给予撤职处分，对个人经营的投资人处二万元以上二十万元以下的罚款；构成犯罪的，依照刑法有关规定追究刑事责任。

第九十一条　生产经营单位的主要负责人未履行本法规定的安全生产管理职责的，责令限期改正；逾期未改正的，处二万元以上五万元以下的罚款，责令生产经营单位停产停业整顿。

生产经营单位的主要负责人有前款违法行为，导致发生生产安全事故的，给予撤职处分；构成犯罪的，依照刑法有关规定追究刑事责任。

生产经营单位的主要负责人依照前款规定受刑事处罚或者撤职处分的，自刑罚执行完毕或者受处分之日起，五年内不得担任任何生产经营单位的主要负责人；对重大、特别重大生产安全事故负有责任的，终身不得担任本行业生产经营单位的主要负责人。

第九十二条　生产经营单位的主要负责人未履行本法规定的安全生产管理职责，导致发生生产安全事故的，由安全生产监督管理部门依照下列规定处以罚款：

(1)发生一般事故的，处上一年年收入百分之三十的罚款；

(2)发生较大事故的，处上一年年收入百分之四十的罚款；

(3)发生重大事故的,处上一年年收入百分之六十的罚款;

(4)发生特别重大事故的,处上一年年收入百分之八十的罚款。

第九十三条　生产经营单位的安全生产管理人员未履行本法规定的安全生产管理职责的,责令限期改正;导致发生生产安全事故的,暂停或者撤销其与安全生产有关的资格;构成犯罪的,依照刑法有关规定追究刑事责任。

第九十四条　生产经营单位有下列行为之一的,责令限期改正,可以处五万元以下的罚款;逾期未改正的,责令停产停业整顿,并处五万元以上十万元以下的罚款,对其直接负责的主管人员和其他直接责任人员处一万元以上二万元以下的罚款:

(1)未按照规定设置安全生产管理机构或者配备安全生产管理人员的;

(2)危险物品的生产、经营、储存单位以及矿山、金属冶炼、建筑施工、道路运输单位的主要负责人和安全生产管理人员未按照规定经考核合格的;

(3)未按照规定对从业人员、被派遣劳动者、实习学生进行安全生产教育和培训,或者未按照规定如实告知有关的安全生产事项的;

(4)未如实记录安全生产教育和培训情况的;

(5)未将事故隐患排查治理情况如实记录或者未向从业人员通报的;

(6)未按照规定制定生产安全事故应急救援预案或者未定期组织演练的;

(7)特种作业人员未按照规定经专门的安全作业培训并取得相应资格,上岗作业的。

第九十五条　生产经营单位有下列行为之一的,责令停止建设或者停产停业整顿,限期改正;逾期未改正的,处五十万元以上一百万元以下的罚款,对其直接负责的主管人员和其他直接责任人员处二万元以上五万元以下的罚款;构成犯罪的,依照刑法有关规定追究刑事责任:

(1)未按照规定对矿山、金属冶炼建设项目或者用于生产、储存、装卸危险物品的建设项目进行安全评价的;

(2)矿山、金属冶炼建设项目或者用于生产、储存、装卸危险物品的建设项目没有安全设施设计或者安全设施设计未按照规定报经有关部门审查同意的;

(3)矿山、金属冶炼建设项目或者用于生产、储存、装卸危险物品的建设项目的施工单位未按照批准的安全设施设计施工的;

(4)矿山、金属冶炼建设项目或者用于生产、储存危险物品的建设项目竣工投入生产或者使用前,安全设施未经验收合格的。

第九十六条　生产经营单位有下列行为之一的,责令限期改正,可以处五万元以下的罚款;逾期未改正的,处五万元以上二十万元以下的罚款,对其直接负责的主管人员和其他直接责任人员处一万元以上二万元以下的罚款;情节严重的,责令停产停业整顿;构成犯罪的,依照刑法有关规定追究刑事责任:

(1)未在有较大危险因素的生产经营场所和有关设施、设备上设置明显的安全警示标志的;

(2)安全设备的安装、使用、检测、改造和报废不符合国家标准或者行业标准的;

(3)未对安全设备进行经常性维护、保养和定期检测的;

(4)未为从业人员提供符合国家标准或者行业标准的劳动防护用品的;

(5)危险物品的容器、运输工具,以及涉及人身安全、危险性较大的海洋石油开采特种设备和矿山井下特种设备未经具有专业资质的机构检测、检验合格,取得安全使用证或者安全标志,投入使用的;

(6)使用应当淘汰的危及生产安全的工艺、设备的。

第九十七条　未经依法批准，擅自生产、经营、运输、储存、使用危险物品或者处置废弃危险物品的，依照有关危险物品安全管理的法律、行政法规的规定予以处罚；构成犯罪的，依照刑法有关规定追究刑事责任。

第九十八条　生产经营单位有下列行为之一的，责令限期改正，可以处十万元以下的罚款；逾期未改正的，责令停产停业整顿，并处十万元以上二十万元以下的罚款，对其直接负责的主管人员和其他直接责任人员处二万元以上五万元以下的罚款；构成犯罪的，依照刑法有关规定追究刑事责任：

(1)生产、经营、运输、储存、使用危险物品或者处置废弃危险物品，未建立专门安全管理制度、未采取可靠的安全措施的；

(2)对重大危险源未登记建档，或者未进行评估、监控，或者未制定应急预案的；

(3)进行爆破、吊装以及国务院安全生产监督管理部门会同国务院有关部门规定的其他危险作业，未安排专门人员进行现场安全管理的；

(4)未建立事故隐患排查治理制度的。

第九十九条　生产经营单位未采取措施消除事故隐患的，责令立即消除或者限期消除；生产经营单位拒不执行的，责令停产停业整顿，并处十万元以上五十万元以下的罚款，对其直接负责的主管人员和其他直接责任人员处二万元以上五万元以下的罚款。

第一百条　生产经营单位将生产经营项目、场所、设备发包或者出租给不具备安全生产条件或者相应资质的单位或者个人的，责令限期改正，没收违法所得；违法所得十万元以上的，并处违法所得二倍以上五倍以下的罚款；没有违法所得或者违法所得不足十万元的，单处或者并处十万元以上二十万元以下的罚款；

对其直接负责的主管人员和其他直接责任人员处一万元以上二万元以下的罚款;导致发生生产安全事故给他人造成损害的,与承包方、承租方承担连带赔偿责任。

生产经营单位未与承包单位、承租单位签订专门的安全生产管理协议或者未在承包合同、租赁合同中明确各自的安全生产管理职责,或者未对承包单位、承租单位的安全生产统一协调、管理的,责令限期改正,可以处五万元以下的罚款,对其直接负责的主管人员和其他直接责任人员可以处一万元以下的罚款;逾期未改正的,责令停产停业整顿。

第一百零一条　两个以上生产经营单位在同一作业区域内进行可能危及对方安全生产的生产经营活动,未签订安全生产管理协议或者未指定专职安全生产管理人员进行安全检查与协调的,责令限期改正,可以处五万元以下的罚款,对其直接负责的主管人员和其他直接责任人员可以处一万元以下的罚款;逾期未改正的,责令停产停业。

第一百零二条　生产经营单位有下列行为之一的,责令限期改正,可以处五万元以下的罚款,对其直接负责的主管人员和其他直接责任人员可以处一万元以下的罚款;逾期未改正的,责令停产停业整顿;构成犯罪的,依照刑法有关规定追究刑事责任:

(1)生产、经营、储存、使用危险物品的车间、商店、仓库与员工宿舍在同一座建筑内,或者与员工宿舍的距离不符合安全要求的;

(2)生产经营场所和员工宿舍未设有符合紧急疏散需要、标志明显、保持畅通的出口,或者锁闭、封堵生产经营场所或者员工宿舍出口的。

第一百零三条　生产经营单位与从业人员订立协议,免除或者减轻其对从业人员因生产安全事故伤亡依法应承担的责任的,该协议无效;对生产经营单位的主要负责人、个人经营的投资人处二万元以上十万元以下的罚款。

第一百零四条　生产经营单位的从业人员不服从管理，违反安全生产规章制度或者操作规程的，由生产经营单位给予批评教育，依照有关规章制度给予处分；构成犯罪的，依照刑法有关规定追究刑事责任。

第一百零五条　违反本法规定，生产经营单位拒绝、阻碍负有安全生产监督管理职责的部门依法实施监督检查的，责令改正；拒不改正的，处二万元以上二十万元以下的罚款；对其直接负责的主管人员和其他直接责任人员处一万元以上二万元以下的罚款；构成犯罪的，依照刑法有关规定追究刑事责任。

第一百零六条　生产经营单位的主要负责人在本单位发生生产安全事故时，不立即组织抢救或者在事故调查处理期间擅离职守或者逃匿的，给予降级、撤职的处分，并由安全生产监督管理部门处上一年年收入百分之六十至百分之一百的罚款；对逃匿的处十五日以下拘留；构成犯罪的，依照刑法有关规定追究刑事责任。

生产经营单位的主要负责人对生产安全事故隐瞒不报、谎报或者迟报的，依照前款规定处罚。

第一百零七条　有关地方人民政府、负有安全生产监督管理职责的部门，对生产安全事故隐瞒不报、谎报或者迟报的，对直接负责的主管人员和其他直接责任人员依法给予处分；构成犯罪的，依照刑法有关规定追究刑事责任。

第一百零八条　生产经营单位不具备本法和其他有关法律、行政法规和国家标准或者行业标准规定的安全生产条件，经停产停业整顿仍不具备安全生产条件的，予以关闭；有关部门应当依法吊销其有关证照。

第一百零九条　发生生产安全事故，对负有责任的生产经营单位除要求其依法承担相应的赔偿等责任外，由安全生产监督管理部门依照下列规定处以罚款：

（1）发生一般事故的，处二十万元以上五十万元以下的罚款；

（2）发生较大事故的，处五十万元以上一百万元以下的罚款；

（3）发生重大事故的，处一百万元以上五百万元以下的罚款；

（4）发生特别重大事故的，处五百万元以上一千万元以下的罚款；情节特别严重的，处一千万元以上二千万元以下的罚款。

第一百一十条　本法规定的行政处罚，由安全生产监督管理部门和其他负有安全生产监督管理职责的部门按照职责分工决定。予以关闭的行政处罚由负有安全生产监督管理职责的部门报请县级以上人民政府按照国务院规定的权限决定；给予拘留的行政处罚由公安机关依照治安管理处罚法的规定决定。

第一百一十一条　生产经营单位发生生产安全事故造成人员伤亡、他人财产损失的，应当依法承担赔偿责任；拒不承担或者其负责人逃匿的，由人民法院依法强制执行。

生产安全事故的责任人未依法承担赔偿责任，经人民法院依法采取执行措施后，仍不能对受害人给予足额赔偿的，应当继续履行赔偿义务；受害人发现责任人有其他财产的，可以随时请求人民法院执行。

第三节　中华人民共和国突发事件应对法

《中华人民共和国突发事件应对法》（中华人民共和国主席令第六十九号）已由中华人民共和国第十届全国人民代表大会常务委员会第二十九次会议于 2007 年 8 月 30 日通过，自 2007 年 11 月 1 日起施行。

一、立法目的

为了预防和减少突发事件的发生，控制、减轻和消除突发事件引起的严重社会危害，规范突发事件应对活动，保护人民生命财产安全，维护国家安全、公共安全、环境安全和社会秩序，制定《中华人民共和国突发事件应对法》（以下简称《突发事件应对法》）。

二、适用范围

突发事件的预防与应急准备、监测与预警、应急处置与救援、事后恢复与重建等应对活动，适用本法。

突发事件，是指突然发生，造成或者可能造成严重社会危害，需要采取应急处置措施予以应对的自然灾害、事故灾难、公共卫生事件和社会安全事件。

按照社会危害程度、影响范围等因素，自然灾害、事故灾难、公共卫生事件分为特别重大、重大、较大和一般四级。法律、行政法规或者国务院另有规定的，从其规定。突发事件的分级标准由国务院或者国务院确定的部门制定。

三、应急管理体制及机制

第四条　国家建立统一领导、综合协调、分类管理、分级负责、属地管理为主的应急管理体制。

第五条　突发事件应对工作实行预防为主、预防与应急相结合的原则。国家建立重大突发事件风险评估体系，对可能发生的突发事件进行综合性评估，减少重大突发事件的发生，最大限度

地减轻重大突发事件的影响。

第六条　国家建立有效的社会动员机制,增强全民的公共安全和防范风险的意识,提高全社会的避险救助能力。

四、预防与应急准备

第十八条　应急预案应当根据本法和其他有关法律、法规的规定,针对突发事件的性质、特点和可能造成的社会危害,具体规定突发事件应急管理工作的组织指挥体系与职责和突发事件的预防与预警机制、处置程序、应急保障措施以及事后恢复与重建措施等内容。

第二十二条　所有单位应当建立健全安全管理制度,定期检查本单位各项安全防范措施的落实情况,及时消除事故隐患;掌握并及时处理本单位存在的可能引发社会安全事件的问题,防止矛盾激化和事态扩大;对本单位可能发生的突发事件和采取安全防范措施的情况,应当按照规定及时向所在地人民政府或者人民政府有关部门报告。

第二十四条　公共交通工具、公共场所和其他人员密集场所的经营单位或者管理单位应当制定具体应急预案,为交通工具和有关场所配备报警装置和必要的应急救援设备、设施,注明其使用方法,并显著标明安全撤离的通道、路线,保证安全通道、出口的畅通。

有关单位应当定期检测、维护其报警装置和应急救援设备、设施,使其处于良好状态,确保正常使用。

五、应急处置与救援

第五十四条　任何单位和个人不得编造、传播有关突发事件事态发展或者应急处置工作的虚假信息。

第五十六条　受到自然灾害危害或者发生事故灾难、公共卫生事件的单位，应当立即组织本单位应急救援队伍和工作人员营救受害人员，疏散、撤离、安置受到威胁的人员，控制危险源，标明危险区域，封锁危险场所，并采取其他防止危害扩大的必要措施，同时向所在地县级人民政府报告；对因本单位的问题引发的或者主体是本单位人员的社会安全事件，有关单位应当按照规定上报情况，并迅速派出负责人赶赴现场开展劝解、疏导工作。

突发事件发生地的其他单位应当服从人民政府发布的决定、命令，配合人民政府采取的应急处置措施，做好本单位的应急救援工作，并积极组织人员参加所在地的应急救援和处置工作。

第五十七条　突发事件发生地的公民应当服从人民政府、居民委员会、村民委员会或者所属单位的指挥和安排，配合人民政府采取的应急处置措施，积极参加应急救援工作，协助维护社会秩序。

六、法律责任

第六十四条　有关单位有下列情形之一的，由所在地履行统一领导职责的人民政府责令停产停业，暂扣或者吊销许可证或者营业执照，并处五万元以上二十万元以下的罚款；构成违反治安管理行为的，由公安机关依法给予处罚：

(1)未按规定采取预防措施，导致发生严重突发事件的；

(2)未及时消除已发现的可能引发突发事件的隐患，导致发生严重突发事件的；

(3)未做好应急设备、设施日常维护、检测工作，导致发生严重突发事件或者突发事件危害扩大的；

(4)突发事件发生后，不及时组织开展应急救援工作，造成严

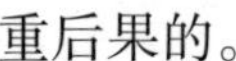

重后果的。

第六十五条　违反本法规定，编造并传播有关突发事件事态发展或者应急处置工作的虚假信息，或者明知是有关突发事件事态发展或者应急处置工作的虚假信息而进行传播的，责令改正，给予警告；造成严重后果的，依法暂停其业务活动或者吊销其执业许可证；负有直接责任的人员是国家工作人员的，还应当对其依法给予处分；构成违反治安管理行为的，由公安机关依法给予处罚。

第六十六条　单位或者个人违反本法规定，不服从所在地人民政府及其有关部门发布的决定、命令或者不配合其依法采取的措施，构成违反治安管理行为的，由公安机关依法给予处罚。

第六十七条　单位或者个人违反本法规定，导致突发事件发生或者危害扩大，给他人人身、财产造成损害的，应当依法承担民事责任。

第六十八条　违反本法规定，构成犯罪的，依法追究刑事责任。

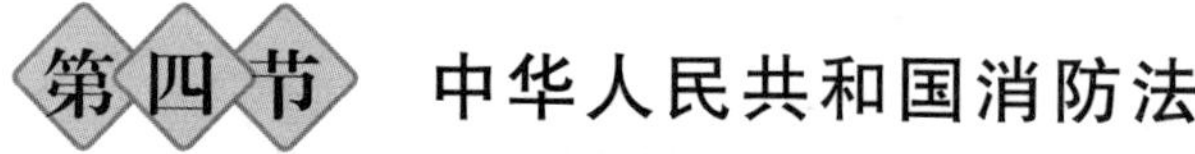

第四节　中华人民共和国消防法

《中华人民共和国消防法》（中华人民共和国主席令第六号）由中华人民共和国第十一届全国人民代表大会常务委员会第五次会议于 2008 年 10 月 28 日修订通过，自 2009 年 5 月 1 日起施行。

一、立法目的

为了预防火灾和减少火灾危害，加强应急救援工作，保护人身、财产安全，维护公共安全，制定《中华人民共和国消防法》（以下简称《消防法》）。

二、消防工作方针

第二条　消防工作贯彻预防为主、防消结合的方针，按照政府统一领导、部门依法监管、单位全面负责、公民积极参与的原则，实行消防安全责任制，建立健全社会化的消防工作网络。

三、火灾预防

第十六条　机关、团体、企业、事业等单位应当履行下列消防安全职责：

(1)落实消防安全责任制，制定本单位的消防安全制度、消防安全操作规程，制定灭火和应急疏散预案；

(2)按照国家标准、行业标准配置消防设施、器材，设置消防安全标志，并定期组织检验、维修，确保完好有效；

(3)对建筑消防设施每年至少进行一次全面检测，确保完好有效，检测记录应当完整准确，存档备查；

(4)保障疏散通道、安全出口、消防车通道畅通，保证防火防烟分区、防火间距符合消防技术标准；

(5)组织防火检查，及时消除火灾隐患；

(6)组织进行有针对性的消防演练；

(7)法律、法规规定的其他消防安全职责。

单位的主要负责人是本单位的消防安全责任人。

第十八条　同一建筑物由两个以上单位管理或者使用的，应当明确各方的消防安全责任，并确定责任人对共用的疏散通道、安全出口、建筑消防设施和消防车通道进行统一管理。

第十九条　生产、储存、经营易燃易爆危险品的场所不得与居住场所设置在同一建筑物内，并应当与居住场所保持安全距离。

生产、储存、经营其他物品的场所与居住场所设置在同一建筑物内的，应当符合国家工程建设消防技术标准。

第二十条　举办大型群众性活动，承办人应当依法向公安机关申请安全许可，制定灭火和应急疏散预案并组织演练，明确消防安全责任分工，确定消防安全管理人员，保持消防设施和消防器材配置齐全、完好有效，保证疏散通道、安全出口、疏散指示标志、应急照明和消防车通道符合消防技术标准和管理规定。

第二十一条　禁止在具有火灾、爆炸危险的场所吸烟、使用明火。因施工等特殊情况需要使用明火作业的，应当按照规定事先办理审批手续，采取相应的消防安全措施；作业人员应当遵守消防安全规定。

进行电焊、气焊等具有火灾危险作业的人员和自动消防系统的操作人员，必须持证上岗，并遵守消防安全操作规程。

第二十三条　生产、储存、运输、销售、使用、销毁易燃易爆危险品，必须执行消防技术标准和管理规定。

进入生产、储存易燃易爆危险品的场所，必须执行消防安全规定。禁止非法携带易燃易爆危险品进入公共场所或者乘坐公共交通工具。

储存可燃物资仓库的管理，必须执行消防技术标准和管理规定。

第二十四条　消防产品必须符合国家标准；没有国家标准的，必须符合行业标准。禁止生产、销售或者使用不合格的消防产品以及国家明令淘汰的消防产品。

依法实行强制性产品认证的消防产品由具有法定资质的认证机构按照国家标准、行业标准的强制性要求认证合格后，方可生产、销售、使用。实行强制性产品认证的消防产品目录，由国务院产品质量监督部门会同国务院公安部门制定并公布。

新研制的尚未制定国家标准、行业标准的消防产品，应当按照国务院产品质量监督部门会同国务院公安部门规定的办法，经技术鉴定符合消防安全要求的，方可生产、销售、使用。

依照本条规定经强制性产品认证合格或者技术鉴定合格的消防产品，国务院公安部门消防机构应当予以公布。

第二十六条　建筑构件、建筑材料和室内装修、装饰材料的防火性能必须符合国家标准；没有国家标准的，必须符合行业标准。

人员密集场所室内装修、装饰，应当按照消防技术标准的要求，使用不燃、难燃材料。

第二十七条　电器产品、燃气用具的产品标准，应当符合消防安全的要求。

电器产品、燃气用具的安装、使用及其线路、管路的设计、敷设、维护保养、检测，必须符合消防技术标准和管理规定。

第二十八条　任何单位、个人不得损坏、挪用或者擅自拆除、停用消防设施、器材，不得埋压、圈占、遮挡消火栓或者占用防火间距，不得占用、堵塞、封闭疏散通道、安全出口、消防车通道。人员密集场所的门窗不得设置影响逃生和灭火救援的障碍物。

四、消防组织

第三十九条　下列单位应当建立单位专职消防队，承担本单位的火灾扑救工作：

(1)大型核设施单位、大型发电厂、民用机场、主要港口；

(2)生产、储存易燃易爆危险品的大型企业；

(3)储备可燃的重要物资的大型仓库、基地；

(4)第一项、第二项、第三项规定以外的火灾危险性较大、距

离公安消防队较远的其他大型企业；

(5)距离公安消防队较远、被列为全国重点文物保护单位的古建筑群的管理单位。

第四十条　专职消防队的建立，应当符合国家有关规定，并报当地公安机关消防机构验收。

专职消防队的队员依法享受社会保险和福利待遇。

第四十一条　机关、团体、企业、事业等单位以及村民委员会、居民委员会根据需要，建立志愿消防队等多种形式的消防组织，开展群众性自防自救工作。

五、灭火救援

第四十四条　任何人发现火灾都应当立即报警。任何单位、个人都应当无偿为报警提供便利，不得阻拦报警。严禁谎报火警。

人员密集场所发生火灾，该场所的现场工作人员应当立即组织、引导在场人员疏散。

任何单位发生火灾，必须立即组织力量扑救。邻近单位应当给予支援。

消防队接到火警，必须立即赶赴火灾现场，救助遇险人员，排除险情，扑灭火灾。

第五十条　对因参加扑救火灾或者应急救援受伤、致残或者死亡的人员，按照国家有关规定给予医疗、抚恤。

六、法律责任

第五十八条　违反本法规定，有下列行为之一的，责令停止施工、停止使用或者停产停业，并处三万元以上三十万元以下罚款：

(1)依法应当经公安机关消防机构进行消防设计审核的建设工程，未经依法审核或者审核不合格，擅自施工的；

(2)消防设计经公安机关消防机构依法抽查不合格，不停止施工的；

(3)依法应当进行消防验收的建设工程，未经消防验收或者消防验收不合格，擅自投入使用的；

(4)建设工程投入使用后经公安机关消防机构依法抽查不合格，不停止使用的；

(5)公众聚集场所未经消防安全检查或者经检查不符合消防安全要求，擅自投入使用、营业的。

建设单位未依照本法规定将消防设计文件报公安机关消防机构备案，或者在竣工后未依照本法规定报公安机关消防机构备案的，责令限期改正，处五千元以下罚款。

第五十九条　违反本法规定，有下列行为之一的，责令改正或者停止施工，并处一万元以上十万元以下罚款：

(1)建设单位要求建筑设计单位或者建筑施工企业降低消防技术标准设计、施工的；

(2)建筑设计单位不按照消防技术标准强制性要求进行消防设计的；

(3)建筑施工企业不按照消防设计文件和消防技术标准施工，降低消防施工质量的；

(4)工程监理单位与建设单位或者建筑施工企业串通，弄虚作假，降低消防施工质量的。

第六十条　单位违反本法规定，有下列行为之一的，责令改正，处五千元以上五万元以下罚款：

(1)消防设施、器材或者消防安全标志的配置、设置不符合国家标准、行业标准，或者未保持完好有效的；

(2)损坏、挪用或者擅自拆除、停用消防设施、器材的；

(3)占用、堵塞、封闭疏散通道、安全出口或者有其他妨碍安全疏散行为的；

(4)埋压、圈占、遮挡消火栓或者占用防火间距的；

(5)占用、堵塞、封闭消防车通道，妨碍消防车通行的；

(6)人员密集场所在门窗上设置影响逃生和灭火救援的障碍物的；

(7)对火灾隐患经公安机关消防机构通知后不及时采取措施消除的。

个人有前款第二项、第三项、第四项、第五项行为之一的，处警告或者五百元以下罚款。

有本条第一款第3项、第4项、第5项、第6项行为，经责令改正拒不改正的，强制执行，所需费用由违法行为人承担。

第六十一条　生产、储存、经营易燃易爆危险品的场所与居住场所设置在同一建筑物内，或者未与居住场所保持安全距离的，责令停产停业，并处五千元以上五万元以下罚款。

生产、储存、经营其他物品的场所与居住场所设置在同一建筑物内，不符合消防技术标准的，依照前款规定处罚。

第六十二条　有下列行为之一的，依照《中华人民共和国治安管理处罚法》的规定处罚：

(1)违反有关消防技术标准和管理规定生产、储存、运输、销售、使用、销毁易燃易爆危险品的；

(2)非法携带易燃易爆危险品进入公共场所或者乘坐公共交通工具的；

(3)谎报火警的；

(4)阻碍消防车、消防艇执行任务的；

(5)阻碍公安机关消防机构的工作人员依法执行职务的。

第六十三条　违反本法规定，有下列行为之一的，处警告或

者五百元以下罚款;情节严重的,处五日以下拘留:

(1)违反消防安全规定进入生产、储存易燃易爆危险品场所的;

(2)违反规定使用明火作业或者在具有火灾、爆炸危险的场所吸烟、使用明火的。

第六十四条　违反本法规定,有下列行为之一,尚不构成犯罪的,处十日以上十五日以下拘留,可以并处五百元以下罚款;情节较轻的,处警告或者五百元以下罚款:

(1)指使或者强令他人违反消防安全规定,冒险作业的;

(2)过失引起火灾的;

(3)在火灾发生后阻拦报警,或者负有报告职责的人员不及时报警的;

(4)扰乱火灾现场秩序,或者拒不执行火灾现场指挥员指挥,影响灭火救援的;

(5)故意破坏或者伪造火灾现场的;

(6)擅自拆封或者使用被公安机关消防机构查封的场所、部位的。

第六十五条　违反本法规定,生产、销售不合格的消防产品或者国家明令淘汰的消防产品的,由产品质量监督部门或者工商行政管理部门依照《中华人民共和国产品质量法》的规定从重处罚。

人员密集场所使用不合格的消防产品或者国家明令淘汰的消防产品的,责令限期改正;逾期不改正的,处五千元以上五万元以下罚款,并对其直接负责的主管人员和其他直接责任人员处五百元以上二千元以下罚款;情节严重的,责令停产停业。

公安机关消防机构对于本条第二款规定的情形,除依法对使用者予以处罚外,应当将发现不合格的消防产品和国家明令淘汰的消防产品的情况通报产品质量监督部门、工商行政管理部门。

产品质量监督部门、工商行政管理部门应当对生产者、销售者依法及时查处。

第六十六条　电器产品、燃气用具的安装、使用及其线路、管路的设计、敷设、维护保养、检测不符合消防技术标准和管理规定的，责令限期改正；逾期不改正的，责令停止使用，可以并处一千元以上五千元以下罚款。

第六十七条　机关、团体、企业、事业等单位违反本法第十六条、第十七条、第十八条、第二十一条第二款规定的，责令限期改正；逾期不改正的，对其直接负责的主管人员和其他直接责任人员依法给予处分或者给予警告处罚。

第六十八条　人员密集场所发生火灾，该场所的现场工作人员不履行组织、引导在场人员疏散的义务，情节严重，尚不构成犯罪的，处五日以上十日以下拘留。

第六十九条　消防产品质量认证、消防设施检测等消防技术服务机构出具虚假文件的，责令改正，处五万元以上十万元以下罚款，并对直接负责的主管人员和其他直接责任人员处一万元以上五万元以下罚款；有违法所得的，并处没收违法所得；给他人造成损失的，依法承担赔偿责任；情节严重的，由原许可机关依法责令停止执业或者吊销相应资质、资格。

前款规定的机构出具失实文件，给他人造成损失的，依法承担赔偿责任；造成重大损失的，由原许可机关依法责令停止执业或者吊销相应资质、资格。

第七十条　本法规定的行政处罚，除本法另有规定的外，由公安机关消防机构决定；其中拘留处罚由县级以上公安机关依照《中华人民共和国治安管理处罚法》的有关规定决定。

公安机关消防机构需要传唤消防安全违法行为人的，依照《中华人民共和国治安管理处罚法》的有关规定执行。

被责令停止施工、停止使用、停产停业的，应当在整改后向公安机关消防机构报告，经公安机关消防机构检查合格，方可恢复施工、使用、生产、经营。

当事人逾期不执行停产停业、停止使用、停止施工决定的，由作出决定的公安机关消防机构强制执行。

责令停产停业，对经济和社会生活影响较大的，由公安机关消防机构提出意见，并由公安机关报请本级人民政府依法决定。本级人民政府组织公安机关等部门实施。

第七十二条 违反本法规定，构成犯罪的，依法追究刑事责任。

第五节 中华人民共和国职业病防治法

《中华人民共和国职业病防治法》(以下简称《职业病防治法》)于2001年10月27日第九届全国人民代表大会常务委员会第二十四次会议通过，根据2011年12月31日第十一届全国人民代表大会常务委员会第二十四次会议《关于修改〈中华人民共和国职业病防治法〉的决定》进行修正，自2011年12月31日起施行。

一、立法目的

为了预防、控制和消除职业病危害，防治职业病，保护劳动者健康及其相关权益，促进经济社会发展，根据宪法，制定本法。

二、适用范围

第二条 本法适用于中华人民共和国领域内的职业病防治

活动。

职业病，是指企业、事业单位和个体经济组织等用人单位的劳动者在职业活动中，因接触粉尘、放射性物质和其他有毒、有害因素而引起的疾病。职业病的分类和目录由国务院卫生行政部门会同国务院安全生产监督管理部门、劳动保障行政部门制定、调整并公布。

三、职业病防治工作方针

第三条　职业病防治工作坚持预防为主、防治结合的方针，建立用人单位负责、行政机关监管、行业自律、职工参与和社会监督的机制，实行分类管理、综合治理。

四、劳动者职业卫生保护权利

第四十条　劳动者享有下列职业卫生保护权利：

(1)获得职业卫生教育、培训；

(2)获得职业健康检查、职业病诊疗、康复等职业病防治服务；

(3)了解工作场所产生或者可能产生的职业病危害因素、危害后果和应当采取的职业病防护措施；

(4)要求用人单位提供符合防治职业病要求的职业病防护设施和个人使用的职业病防护用品，改善工作条件；

(5)对违反职业病防治法律、法规以及危及生命健康的行为提出批评、检举和控告；

(6)拒绝违章指挥和强令进行没有职业病防护措施的作业；

(7)参与用人单位职业卫生工作的民主管理，对职业病防治工作提出意见和建议。

用人单位应当保障劳动者行使前款所列权利。因劳动者依法行使正当权利而降低其工资、福利等待遇或者解除、终止与其订立的劳动合同的,其行为无效。

五、用人单位的职业病防治职责

第四条　劳动者依法享有职业卫生保护的权利。

用人单位应当为劳动者创造符合国家职业卫生标准和卫生要求的工作环境和条件,并采取措施保障劳动者获得职业卫生保护。

工会组织依法对职业病防治工作进行监督,维护劳动者的合法权益。用人单位制定或者修改有关职业病防治的规章制度,应当听取工会组织的意见。

第五条　用人单位应当建立、健全职业病防治责任制,加强对职业病防治的管理,提高职业病防治水平,对本单位产生的职业病危害承担责任。

第六条　用人单位的主要负责人对本单位的职业病防治工作全面负责。

第七条　用人单位必须依法参加工伤保险。

国务院和县级以上地方人民政府劳动保障行政部门应当加强对工伤保险的监督管理,确保劳动者依法享受工伤保险待遇。

第二十五条　产生职业病危害的用人单位,应当在醒目位置设置公告栏,公布有关职业病防治的规章制度、操作规程、职业病危害事故应急救援措施和工作场所职业病危害因素检测结果。

第三十四条　用人单位与劳动者订立劳动合同时,应当将工作过程中可能产生的职业病危害及其后果、职业病防护措施和待遇等如实告知劳动者,并在劳动合同中写明,不得隐瞒或者欺骗。

第三十六条　用人单位不得安排未经上岗前职业健康检查的劳动者从事接触职业病危害的作业；不得安排有职业禁忌的劳动者从事其所禁忌的作业；对在职业健康检查中发现有与所从事的职业相关的健康损害的劳动者，应当调离原工作岗位，并妥善安置；对未进行离岗前职业健康检查的劳动者不得解除或者终止与其订立的劳动合同。

对产生严重职业病危害的作业岗位，应当在其醒目位置，设置警示标识和中文警示说明。警示说明应当载明产生职业病危害的种类、后果、预防以及应急救治措施等内容。

六、职业病诊断与职业病病人保障

❶ 职业病诊断

第四十四条　医疗卫生机构承担职业病诊断，应当经省、自治区、直辖市人民政府卫生行政部门批准。省、自治区、直辖市人民政府卫生行政部门应当向社会公布本行政区域内承担职业病诊断的医疗卫生机构的名单。

承担职业病诊断的医疗卫生机构应当具备下列条件：

(1)持有《医疗机构执业许可证》；

(2)具有与开展职业病诊断相适应的医疗卫生技术人员；

(3)具有与开展职业病诊断相适应的仪器、设备；

(4)具有健全的职业病诊断质量管理制度。

承担职业病诊断的医疗卫生机构不得拒绝劳动者进行职业病诊断的要求。

第四十五条　劳动者可以在用人单位所在地、本人户籍所在地或者经常居住地依法承担职业病诊断的医疗卫生机构进行职业病诊断。

第四十七条　职业病诊断,应当综合分析下列因素:

(1)病人的职业史;

(2)职业病危害接触史和工作场所职业病危害因素情况;

(3)临床表现以及辅助检查结果等。

没有证据否定职业病危害因素与病人临床表现之间的必然联系的,应当诊断为职业病。

承担职业病诊断的医疗卫生机构在进行职业病诊断时,应当组织三名以上取得职业病诊断资格的执业医师集体诊断。

职业病诊断证明书应当由参与诊断的医师共同签署,并经承担职业病诊断的医疗卫生机构审核盖章。

❷ 职业病病人保障

第五十六条　医疗卫生机构发现疑似职业病病人时,应当告知劳动者本人并及时通知用人单位。

用人单位应当及时安排对疑似职业病病人进行诊断;在疑似职业病病人诊断或者医学观察期间,不得解除或者终止与其订立的劳动合同。

疑似职业病病人在诊断、医学观察期间的费用,由用人单位承担。

第五十七条　用人单位应当保障职业病病人依法享受国家规定的职业病待遇。用人单位应当按照国家有关规定,安排职业病病人进行治疗、康复和定期检查。用人单位对不适宜继续从事原工作的职业病病人,应当调离原岗位,并妥善安置。用人单位对从事接触职业病危害的作业的劳动者,应当给予适当岗位津贴。

第五十八条　职业病病人的诊疗、康复费用,伤残以及丧失劳动能力的职业病病人的社会保障,按照国家有关工伤保险的规定执行。

第五十九条　职业病病人除依法享有工伤保险外,依照有关民事法律,尚有获得赔偿的权利的,有权向用人单位提出赔偿要求。

第六十条　劳动者被诊断患有职业病,但用人单位没有依法参加工伤保险的,其医疗和生活保障由该用人单位承担。

第六十一条　职业病病人变动工作单位,其依法享有的待遇不变。

用人单位在发生分立、合并、解散、破产等情形时,应当对从事接触职业病危害的作业的劳动者进行健康检查,并按照国家有关规定妥善安置职业病病人。

第六十二条　用人单位已经不存在或者无法确认劳动关系的职业病病人,可以向地方人民政府民政部门申请医疗救助和生活等方面的救助。

地方各级人民政府应当根据本地区的实际情况,采取其他措施,使前款规定的职业病病人获得医疗救治。

第七十五条　用人单位和医疗卫生机构未按照规定报告职业病、疑似职业病的,由有关主管部门依据职责分工责令限期改正,给予警告,可以并处一万元以下的罚款;弄虚作假的,并处二万元以上五万元以下的罚款;对直接负责的主管人员和其他直接责任人员,可以依法给予降级或者撤职的处分。

第七十八条　用人单位违反本法规定,已经对劳动者生命健康造成严重损害的,由安全生产监督管理部门责令停止产生职业病危害的作业,或者提请有关人民政府按照国务院规定的权限责令关闭,并处十万元以上五十万元以下的罚款。

第七十九条　用人单位违反本法规定,造成重大职业病危害事故或者其他严重后果,构成犯罪的,对直接负责的主管人员和其他直接责任人员,依法追究刑事责任。

第六节 生产安全事故报告和调查处理条例

《生产安全事故报告和调查处理条例》(国务院第493号令)于2007年3月28日国务院第172次常务会议通过,自2007年6月1日起施行。

一、立法目的和立法依据

为了规范生产安全事故的报告和调查处理,落实生产安全事故责任追究制度,防止和减少生产安全事故,根据《中华人民共和国安全生产法》和有关法律,制定了《生产安全事故报告和调查处理条例》。

《安全生产法》第八十三条明确规定:"事故调查处理应当按照科学严谨、依法依规、实事求是、注重实效的原则,及时、准确地查清事故原因,查明事故性质和责任,总结事故教训,提出整改措施,并对事故责任者提出处理意见。事故调查报告应当依法及时向社会公布。事故调查和处理的具体办法由国务院制定。事故发生单位应当及时全面落实整改措施,负有安全生产监督管理职责的部门应当加强监督检查。"这是制定本条例最直接的立法依据,条例的内容必须与《安全生产法》有关事故报告和调查处理的规定保持一致。此外,现行有关安全生产的其他法律,如《消防法》,也对相关领域事故的报告和调查处理作了规定,也作为本条例的立法依据。

二、适用范围

第二条 生产经营活动中发生的造成人身伤亡或者直接经

济损失的生产安全事故的报告和调查处理,适用本条例;环境污染事故、核设施事故、国防科研生产事故的报告和调查处理不适用本条例。

三、生产安全事故等级划分

第三条　根据生产安全事故(以下简称事故)造成的人员伤亡或者直接经济损失,事故一般分为以下等级:

(1)特别重大事故,是指造成30人以下死亡,或者100人以上重伤(包括急性工业中毒,下同),或者1亿元以上直接经济损失的事故;

(2)重大事故,是指造成10人以上30人以下死亡,或者50人以上100人以下重伤,或者5000万元以上1亿元以下直接经济损失的事故;

(3)较大事故,是指造成3人以上10人以下死亡,或者10人以上50人以下重伤,或者1000万元以上5000万元以下直接经济损失的事故;

(4)一般事故,是指造成3人以下死亡,或者10人以下重伤,或者1000万元以下直接经济损失的事故。

国务院安全生产监督管理部门可以会同国务院有关部门,制定事故等级划分的补充性规定。此处所称的“以上”包括本数,所称的“以下”不包括本数。

四、事故报告

第四条　事故报告应当及时、准确、完整,任何单位和个人对事故不得迟报、漏报、谎报或者瞒报。

第七条　任何单位和个人不得阻挠和干涉对事故的报告和

依法调查处理。

❶ 事故现场有关人员和单位负责人报告事故的规定

第九条　事故发生后，事故现场有关人员应当立即向本单位负责人报告；单位负责人接到报告后，应当于1小时内向事故发生地县级以上人民政府安全生产监督管理部门和负有安全生产监督管理职责的有关部门报告。情况紧急时，事故现场有关人员可以直接向事故发生地县级以上人民政府安全生产监督管理部门和负有安全生产监督管理职责的有关部门报告。

❷ 报告事故的内容

第十二条　报告事故应当包括下列内容：

（1）事故发生单位概况；

（2）事故发生的时间、地点以及事故现场情况；

（3）事故的简要经过；

（4）事故已经造成或者可能造成的伤亡数（包括下落不明的人数）和初步估计的直接经济损失；

（5）已经采取的措施；

（6）其他应当报告的情况。

❸ 及时补报事故新情况

第十三条　事故报告后出现新情况的，应当及时补报。自事故发生之日起30日内，事故造成的伤亡人数发生变化的，应当及时补报。道路交通事故、火灾事故自发生之日起7日内，事故造成的伤亡人数发生变化的，应当及时补报。

❹ 事故的应急救援

第十四条　事故发生单位负责人接到事故报告后，应当立即启动事故相应应急预案，或者采取有效措施，组织抢救，防止事故扩大，减少人员伤亡和财产损失。

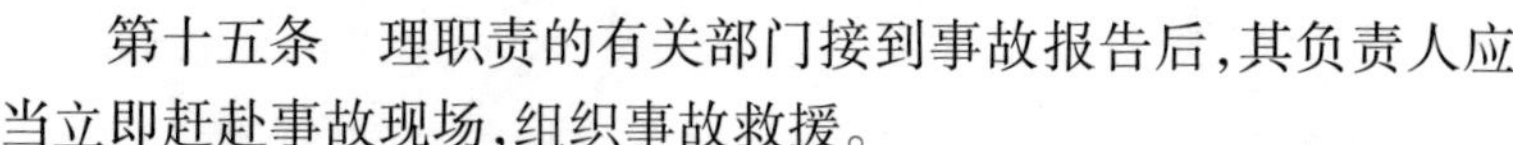
第十五条　理职责的有关部门接到事故报告后，其负责人应当立即赶赴事故现场，组织事故救援。

❺ 事故的现场保护

第十六条　事故发生后，有关单位和人员应当妥善保护事故现场以及相关证据，任何单位和个人不得破坏事故现场、毁灭相关证据。因抢救人员、防止事故扩大以及疏通交通等原因，需要移动事故现场物件的，应当做出标志，绘制现场简图并做出书面记录，妥善保存现场重要痕迹、物证。

五、事故调查

第四条　事故调查处理应当坚持实事求是、尊重科学的原则，及时、准确地查清事故经过、事故原因和事故损失，查明事故性质，认定事故责任，总结事故教训，提出整改措施，并对事故责任者依法追究责任。

第六条　工会依法参加事故调查处理，有权向有关部门提出处理意见。

第八条　对事故报告和调查处理中的违法行为，任何单位和个人有权向安全生产监督管理部门、监察机关或者其他有关部门举报，接到举报的部门应当依法及时处理。

❶ 事故调查权

第十九条　特别重大事故由国务院或者国务院授权有关部门组织事故调查组进行调查。重大事故、较大事故、一般事故分别由事故发生地省级人民政府、设区的市级人民政府、县级人民政府负责调查。省级人民政府、设区的市级人民政府、县级人民政府可以直接组织事故调查组进行调查，也可以授权或者委托有关部门组织事故调查组进行调查。未造成人员伤亡的一般事故，县级人民政府也可以委托事故发生单位组织事故调查组进行调查。

第二十条　上级人民政府认为必要时，可以调查由下级人民政府负责调查的事故。自事故发生之日起30日内(道路交通事故、火灾事故自发生之日起7日内)，因事故伤亡人数变化导致事故等级发生变化，依照本条例规定应当由上级人民政府负责调查的，上级人民政府可以另行组织事故调查组进行调查。

第二十一条　特别重大事故以下等级事故，事故发生地与事故发生单位不在同一个县级以上行政区域的，由事故发生地人民政府负责调查，事故发生单位所在地人民政府应当派人参加。

❷ 事故调查组

第二十二条　事故调查组的组成应当遵循精简、效能的原则。根据事故的具体情况，事故调查组由有关人民政府、安全生产监督管理部门、负有安全生产监督管理职责的有关部门、监察机关、公安机关以及工会派人组成，并应当邀请人民检察院派人参加。事故调查组可以聘请有关专家参与调查。

第二十三条　事故调查组成员应当具有事故调查所需要的知识和专长，并与所调查的事故没有直接利害关系。

第二十四条　事故调查组组长由负责事故调查的人民政府指定。事故调查组组长主持事故调查组的工作。

第二十五条　事故调查组履行下列职责：

(1)查明事故发生的经过、原因、人员伤亡情况及直接经济损失；

(2)认定事故的性质和事故责任；

(3)提出对事故责任者的处理建议；

(4)总结事故教训，提出防范和整改措施；

(5)提交事故调查报告。

第二十六条　事故调查组有权向有关单位和个人了解与事故有关的情况，并要求其提供相关文件、资料，有关单位和个人不得拒绝。事故发生单位的负责人和有关人员在事故调查期间不得擅离职守，并应当随时接受事故调查组的询问，如实提供有关情况。事故调查中发现涉嫌犯罪的，事故调查组应当及时将有关材料或者其复印件移交司法机关处理。

第二十七条　事故调查中需要进行技术鉴定的，事故调查组应当委托具有国家规定资质的单位进行技术鉴定。必要时，事故调查组可以直接组织专家进行技术鉴定。技术鉴定所需时间不计入事故调查期限。

第二十八条　事故调查组成员在事故调查工作中应当诚信公正、恪尽职守，遵守事故调查组的纪律，保守事故调查的秘密。

未经事故调查组组长允许，事故调查组成员不得擅自发布有关事故的信息。

第二十九条　事故调查组应当自事故发生之日起60日内提交事故调查报告；特殊情况下，经负责事故调查的人民政府批准，提交事故调查报告的期限可以适当延长，但延长的期限最长不超过60日。

❸ 事故调查报告

第三十条　事故调查报告应当包括下列内容：

(1)事故发生单位概况；

(2)事故发生经过和事故救援情况；

(3)事故造成的人员伤亡和直接经济损失；

(4)事故发生的原因和事故性质；

(5)事故责任的认定以及对事故责任者的处理建议；

(6)事故防范和整改措施。

事故调查报告应当附具有关证据材料。事故调查组成员应当在事故调查报告上签名。

第三十一条　事故调查报告报送负责事故调查的人民政府后，事故调查工作即告结束。事故调查的有关资料应当归档保存。

六、事故处理

第三十二条　重大事故、较大事故、一般事故，负责事故调查的人民政府应当自收到事故调查报告之日起15日内做出批复；特别重大事故，30日内做出批复，特殊情况下，批复时间可以适当延长，但延长的时间最长不超过30日。

有关机关应当按照人民政府的批复，依照法律、行政法规规定的权限和程序，对事故发生单位和有关人员进行行政处罚，对负有事故责任的国家工作人员进行处分。

事故发生单位应当按照负责事故调查的人民政府的批复，对本单位负有事故责任的人员进行处理。

负有事故责任的人员涉嫌犯罪的，依法追究刑事责任。

第三十三条　事故发生单位应当认真吸取事故教训，落实防范和整改措施，防止事故再次发生。防范和整改措施的落实情况应当接受工会和职工的监督。

安全生产监督管理部门和负有安全生产监督管理职责的有关部门应当对事故发生单位落实防范和整改措施的情况进行监督检查。

第三十四条　事故处理的情况由负责事故调查的人民政府或者其授权的有关部门、机构向社会公布，依法应当保密的除外。

七、法律责任

第三十五条　事故发生单位主要负责人有下列行为之一的，

处上一年年收入40%至80%的罚款;属于国家工作人员的,并依法给予处分;构成犯罪的,依法追究刑事责任:

(1)不立即组织事故抢救的;

(2)迟报或者漏报事故的;

(3)在事故调查处理期间擅离职守的。

第三十六条　事故发生单位及其有关人员有下列行为之一的,对事故发生单位处100万元以上500万元以下的罚款;对主要负责人、直接负责的主管人员和其他直接责任人员处上一年年收入60%至100%的罚款;属于国家工作人员的,并依法给予处分;构成违反治安管理行为的,由公安机关依法给予治安管理处罚;构成犯罪的,依法追究刑事责任:

(1)谎报或者瞒报事故的;

(2)伪造或者故意破坏事故现场的;

(3)转移、隐匿资金、财产,或者销毁有关证据、资料的;

(4)拒绝接受调查或者拒绝提供有关情况和资料的;

(5)在事故调查中作伪证或者指使他人作伪证的;

(6)事故发生后逃匿的。

第三十七条　事故发生单位对事故发生负有责任的,依照下列规定处以罚款:

(1)发生一般事故的,处10万元以上20万元以下的罚款;

(2)发生较大事故的,处20万元以上50万元以下的罚款;

(3)发生重大事故的,处50万元以上200万元以下的罚款;

(4)发生特别重大事故的,处200万元以上500万元以下的罚款。

第三十八条　事故发生单位主要负责人未依法履行安全生产管理职责,导致事故发生的,依照下列规定处以罚款;属于国家工作人员的,并依法给予处分;构成犯罪的,依法追究刑事责任：

(1)发生一般事故的，处上一年年收入30%的罚款；

(2)发生较大事故的，处上一年年收入40%的罚款；

(3)发生重大事故的，处上一年年收入60%的罚款；

(4)发生特别重大事故的，处上一年年收入80%的罚款。

第三十九条　有关地方人民政府、安全生产监督管理部门和负有安全生产监督管理职责的有关部门有下列行为之一的，对直接负责的主管人员和其他直接责任人员依法给予处分；构成犯罪的，依法追究刑事责任：

(1)不立即组织事故抢救的；

(2)迟报、漏报、谎报或者瞒报事故的；

(3)阻碍、干涉事故调查工作的；

(4)在事故调查中作伪证或者指使他人作伪证的。

第四十条　事故发生单位对事故发生负有责任的，由有关部门依法暂扣或者吊销其有关证照；对事故发生单位负有事故责任的有关人员，依法暂停或者撤销其与安全生产有关的执业资格、岗位证书；事故发生单位主要负责人受到刑事处罚或者撤职处分的，自刑罚执行完毕或者受处分之日起，5年内不得担任任何生产经营单位的主要负责人。

为发生事故的单位提供虚假证明的中介机构，由有关部门依法暂扣或者吊销其有关证照及其相关人员的执业资格；构成犯罪的，依法追究刑事责任。

第四十一条　参与事故调查的人员在事故调查中有下列行为之一的，依法给予处分；构成犯罪的，依法追究刑事责任：

(1)对事故调查工作不负责任，致使事故调查工作有重大疏漏的；

(2)包庇、袒护负有事故责任的人员或者借机打击报复的。

第七节 城市轨道交通运营管理办法

《城市轨道交通运营管理办法》(中华人民共和国建设部令第140号)已于2005年3月1日经第53次部常务会议讨论通过,自2005年8月1日起施行。

一、立法宗旨、适用范围

为了加强城市轨道交通运营管理,保证城市轨道交通正常、安全运营,维护城市轨道交通运营秩序,保障乘客和城市轨道交通运营者的合法权益,制定本办法。

本办法适用于城市轨道交通的运营及相关的管理活动。

二、具体内容

城市轨道交通,是指城市公共交通系统中大运量的城市地铁、轻轨等城市轨道公共客运系统。

城市轨道交通设施,是指为保障城市轨道交通系统正常安全运营而设置的轨道、隧道、高架道路(含桥梁)、车站(含出入口、通道)、通风亭、车辆、车站设施、车辆段、机电设备、供电系统、通信信号系统等设施。

❶ 运营管理

第四条　城市人民政府城市轨道交通主管部门应当按照《行政许可法》以及市政公用事业特许经营的有关规定,依法确定城市轨道交通运营单位。

第五条　新建城市轨道交通工程竣工后,应当进行工程初验;初验合格的,可以进行试运行;试运行合格,并具备基本运营条件的,可以进行试运营。

城市轨道交通工程竣工,按照国家有关规定验收,并报有关部门备案。经验收合格后,方可交付正式运营。

安全设施不符合有关国家标准的新建、改建、扩建城市轨道交通工程项目,不得投入运营。

第六条 城市轨道交通运营单位应当按照国家有关规定和特许经营协议,制定城市轨道交通运营服务规则和设施保养维护办法,保证城市轨道交通的正常、安全运营。

第七条 城市轨道交通运营单位应当执行价格主管部门依法确定的票价,不得擅自调整。

第八条 城市轨道交通运营单位应当为乘客提供安全便捷的客运服务,保证车站、车厢整洁,出入口、通道畅通,保持安全、消防、疏散导向等标志醒目。

第九条 城市轨道交通运营单位工作人员应当佩戴标志、态度文明、服务规范。驾驶员、调度员、行车值班员等岗位的工作人员应当经培训合格后,持证上岗。

城市轨道交通运营单位应当在车站配备急救箱,车站工作人员应当掌握必要的急救知识和技能。

第十条 城市轨道交通运营过程中发生故障而影响运行的,城市轨道交通运营单位应当及时组织乘客疏散,并尽快排除故障,恢复运行。一时无法恢复运行的,城市轨道交通运营单位应当及时报告城市人民政府城市轨道交通主管部门。

第十一条 城市轨道交通因故不能正常运行的,乘客有权持有效车票要求城市轨道交通运营单位按照单程票价退还票款。

第十二条 禁止下列危害城市轨道交通正常运营的行为:

(1)在车厢内吸烟、随地吐痰、便溺、吐口香糖、乱扔果皮、纸屑等废弃物;

(2)在车站、站台、站厅、出入口、通道停放车辆、堆放杂物或者擅自摆摊设点堵塞通道的;

(3)擅自进入轨道、隧道等禁止进入的区域;

(4)攀爬、跨越围墙、护栏、护网、门闸;

(5)强行上下列车;

(6)在车厢或者城市轨道交通设施上乱写、乱画、乱张贴;

(7)携带宠物乘车;

(8)危害城市轨道交通运营和乘客安全的其他行为。

第十三条　禁止乘客携带易燃、易爆、有毒和放射性、腐蚀性的危险品乘车。

城市轨道交通运营单位可以对乘客携带的物品进行安全检查,对携带危害公共安全的危险品的乘客,应当责令出站;拒不出站的,移送公安部门依法处理。

第十四条　城市人民政府城市轨道交通主管部门和城市轨道交通运营单位应当建立投诉受理制度,接受乘客对违反运营规定和服务规则的行为的投诉。

城市轨道交通运营单位应当自受理投诉之日起 10 个工作日内做出答复。乘客对答复有异议的,可以向城市人民政府城市轨道交通主管部门投诉,城市人民政府城市轨道交通主管部门应当自受理乘客投诉之日起,10 个工作日内做出答复。

第十五条　城市轨道交通运营单位应当依法承担城市轨道交通运营安全责任,设置安全生产管理机构,配备专职安全生产管理人员,保证安全生产条件所必需的资金投入。

第十六条　城市轨道交通运营单位应当按照反恐、消防管理、事故救援等有关规定,在城市轨道交通设施内,设置报警、灭火、逃生、防汛、防爆、防护监视、紧急疏散照明、救援等器材和设备,定期检查、维护,按期更新,并保持完好。

第十七条　城市轨道交通运营单位负责城市轨道交通设施

的管理和维护，定期对土建工程、车辆和运营设备进行维护、检查，及时维修更新，确保其处于安全状态。检查和维修记录应当保存至土建工程、车辆和运营设备的使用期限到期。

❷ 应急管理

第二十四条　城市人民政府城市轨道交通主管部门应当会同有关部门制定处理突发事件的应急预案；城市轨道交通运营单位应当根据实际运营情况制定地震、火灾、浸水、停电、反恐、防爆等分专题的应急预案，建立应急救援组织，配备救援器材设备，并定期组织演练。

当发生地震、火灾或者其他突发事件时，城市轨道交通运营单位和工作人员应当立即报警和疏散人员，并采取相应的紧急救援措施。

第二十五条　城市轨道交通车辆地面行驶中遇到沙尘、冰雹、雨、雪、雾、结冰等影响运营安全的气象条件时，城市轨道交通运营单位应当启动应急预案，并按照操作规程进行安全处置。

第二十六条　遇有城市轨道交通客流量激增危及安全运营的紧急情况，城市轨道交通运营单位应当采取限制客流量的临时措施，确保运营安全。

第二十七条　遇有自然灾害、恶劣气象条件或者发生突发事件等严重影响城市轨道交通安全的情形，并且无法采取措施保证安全运营时，运营单位可以停止线路运营或者部分路段运营，但是应当提前向社会公告，并报告城市人民政府城市轨道交通主管部门。

第二十八条　城市轨道交通运营中发生安全事故，城市人民政府城市轨道交通主管部门、城市轨道交通运营单位应当依据应急预案进行处置。

第二十九条　城市轨道交通运营中发生人员伤亡事故，应当按照先抢救受伤者，及时排除故障，恢复正常运行，后处理事故的原则处理，并按照国家有关规定及时向有关部门报告；城市人民政府城市轨道交通主管部门、城市轨道交通运营单位应当配合公安部门及时对现场进行勘察、检验，依法进行现场处理。

第三十条　城市轨道交通运营过程中发生乘客伤亡的，城市轨道交通运营单位应当依法承担相应的损害赔偿责任；能够证明伤亡人员故意或者自身健康原因造成的除外。

❸ 法律责任

第三十一条　违反本办法第五条规定，未经竣工验收合格，将城市轨道交通工程项目投入正式运营的，按照《建设工程质量管理条例》的有关规定进行处罚。

第三十二条　违反本办法第七条规定，城市轨道交通运营单位未执行价格主管部门依法确定的票价的，由价格主管部门按照价格法律法规的规定依法处罚。

第三十三条　违反本办法规定，城市轨道交通运营单位有下列行为之一的，由城市人民政府城市轨道交通主管部门责令限期改正，并可处以5000元以下罚款：

（1）违反本办法第八条规定，未保证车站、车厢整洁，出入口、通道畅通，保持安全、消防、疏散导向等标志醒目的；

（2）违反本办法第九条规定，安排未经培训合格的工作人员上岗或者未在车站配备急救箱的。

第三十四条　违反本办法第十条规定，城市轨道交通运营单位在发生运营故障时未及时组织乘客疏散的，由城市人民政府城市轨道交通主管部门给予警告，并处以5000元以下罚款。

第三十五条　违反本办法第十二条、第十三条的规定，影响城市轨道交通安全正常运营的，由城市人民政府城市轨道交通主管部门责令改正，并可处以50元以上500元以下罚款。

第三十六条　违反本办法规定，城市轨道交通运营单位有下列行为之一的，由城市人民政府城市轨道交通主管部门给予警告，责令限期改正，并可处以 1 万元以下罚款：

(1)违反本办法第十六条规定，未设置报警、灭火、逃生、防汛、防爆、防护监视、紧急疏散照明、救援等器材和设备，并保持完好的；

(2)违反本办法第二十四条规定，未按照规定建立应急预案的。

第三十七条　违反本办法第十七条规定，城市轨道交通运营单位未按照规定定期检查和及时维护城市轨道交通设施的，由城市人民政府城市轨道交通主管部门给予警告，责令限期改正，并可处以 1 万元以下罚款。

第三十八条　违反本办法规定，有下列行为之一的，由城市人民政府城市轨道交通主管部门给予警告，责令限期改正，并可处以 1 万元以上 3 万元以下罚款；造成损失的，依法承担赔偿责任；情节严重，构成犯罪的，依法追究刑事责任：

(1)违反本办法第二十一条第一款规定，在城市轨道交通控制保护区内进行作业的作业单位未制定安全防护方案，或者未征得城市轨道交通运营单位同意的；

(2)违反本办法第二十一条第三款规定，城市轨道交通运营单位对轨道交通进行扩建、改建和设施改造时，未制定安全防护方案的。

第三十九条　个人或者单位违反本办法第二十二条、第二十三条规定，影响城市轨道交通安全的，对个人处以 500 元以上 1000 元以下罚款，对单位处以 1000 元以上 5000 元以下罚款；造成损失的，依法承担赔偿责任。

第四十条　城市轨道交通运营单位有下列行为之一的，由城市人民政府城市轨道交通主管部门给予警告，责令限期改正，并

可处以1万元以下罚款：

(1)违反本办法第二十五条规定，遇有恶劣气象条件时，未按照应急预案和操作规程进行处置的；

(2)违反本办法第二十六条规定，在客流量急增危及安全运营时，未采取限制客流量的临时措施的；

(3)违反本办法第二十七条规定，停止运营时，未提前向社会公告和报告主管部门的；

(4)违反本办法第二十八条规定，发生安全事故时，未按照应急预案进行处置的。

第四十一条　城市人民政府城市轨道交通主管部门工作人员玩忽职守、滥用职权、徇私舞弊的，由其所在单位依法给予行政处分；构成犯罪的，依法追究刑事责任。

第八节　国家城市轨道交通运营突发事件应急预案

一、立法目的

建立健全城市轨道交通运营突发事件(以下简称运营突发事件)处置工作机制，科学有序高效应对城市轨道运营突发事件，最大限度地减少人员伤亡和财产损失，维护社会正常秩序。

二、立法依据

依据《中华人民共和国突发事件应对法》、《中华人民共和国安全生产法》、《生产安全事故报告和调查处理条例》、《国家突发公共事件总体应急预案》及相关法律法规等，制定本预案。

三、适用范围

本预案适用于城市轨道交通（城市轨道交通是指采用专用轨道导向运行的城市公共客运交通系统，包括地铁系统、轻轨系统、单轨系统、有轨电车、磁浮系统、自动导向轨道交通系统、市域快速轨道系统等）运营过程中发生的因列车撞击、脱轨，设施设备故障、损毁，以及大客流等情况，造成人员伤亡、行车中断、财产损失的突发事件应对工作。

因地震、洪涝、气象灾害等自然灾害和恐怖袭击、刑事案件等社会安全事件以及其他因素影响或可能影响城市轨道交通正常运营时，依据国家相关预案执行，同时参照本预案组织做好监测预警、信息报告、应急响应、后期处置等相关应对工作。

四、组织指挥体系

❶ 国家层面组织指挥机构

交通运输部负责运营突发事件应对工作的指导协调和监督管理。根据运营突发事件的发展态势和影响，交通运输部或事发地省级人民政府可报请国务院批准，或根据国务院领导同志指示，成立国务院工作组，负责指导、协调、支持有关地方人民政府开展运营突发事件应对工作。必要时，由国务院或国务院授权交通运输部成立国家城市轨道交通应急指挥部，统一领导、组织和指挥运营突发事件应急处置工作。

❷ 地方层面组织指挥机构

城市轨道交通所在地城市及以上地方各级人民政府负责本行政区域内运营突发事件应对工作，要明确相应组织指挥机构。

地方有关部门按照职责分工，密切配合，共同做好运营突发事件的应对工作。

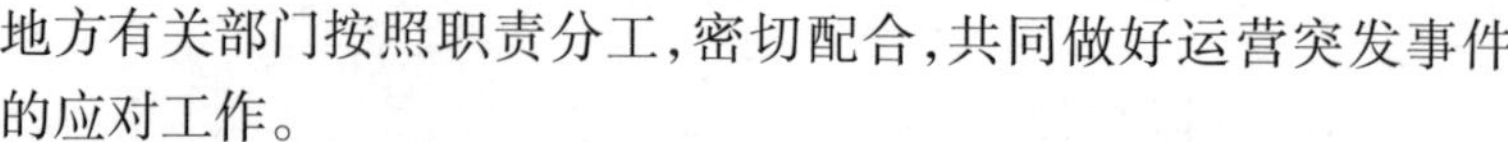

对跨城市运营的城市轨道交通线路，有关城市人民政府应建立跨区域运营突发事件应急合作机制。

❸ 现场指挥机构

负责运营突发事件处置的人民政府根据需要成立现场指挥部，负责现场组织指挥工作。参与现场处置的有关单位和人员应服从现场指挥部的统一指挥。

❹ 运营单位

在组织指挥体系中，对运营单位的要求是：运营单位是运营突发事件应对工作的责任主体，要建立健全应急指挥机制，针对可能发生的运营突发事件完善应急预案体系，建立与相关单位的信息共享和应急联动机制。

❺ 专家组

各级组织指挥机构及运营单位根据需要设立运营突发事件处置专家组，由线路、轨道、结构工程、车辆、供电、通信、信号、环境与设备监控、运输组织等方面的专家组成，对运营突发事件处置工作提供技术支持。

五、监测预警和信息报告

❶ 监测和风险分析

运营单位应当建立健全城市轨道交通运营监测体系，根据运营突发事件的特点和规律，加大对线路、轨道、结构工程、车辆、供电、通信、信号、消防、特种设备、应急照明等设施设备和环境状态以及客流情况等的监测力度，定期排查安全隐患，开展风险评估，健全风险防控措施。当城市轨道交通正常运营可能受到影响时，要及时将有关情况报告当地城市轨道交通运营主管部门。

城市轨道交通所在地城市及以上地方各级人民政府城市轨道交通运营主管部门，应加强对本行政区域内城市轨道交通安全运营情况的日常监测，会同公安、国土资源、住房城乡建设、水利、安全监管、地震、气象、铁路、武警等部门（单位）和运营单位建立健全定期会商和信息共享机制，加强对突发大客流和洪涝、气象灾害、地质灾害、地震等信息的收集，对各类风险信息进行分析研判，并及时将可能导致运营突发事件的信息告知运营单位。有关部门应及时将可能影响城市轨道交通正常运营的信息通报同级城市轨道交通运营主管部门。

❷ 预警

1）预警信息发布

运营单位要及时对可能导致运营突发事件的风险信息进行分析研判，预估可能造成影响的范围和程度。城市轨道交通系统内设施设备及环境状态异常可能导致运营突发事件时，要及时向相关岗位专业人员发出预警；因突发大客流、自然灾害等原因可能影响城市轨道交通正常运营时，要及时报请当地城市轨道交通运营主管部门，通过电视、广播、报纸、互联网、手机短信、楼宇或移动电子屏幕、当面告知等渠道向公众发布预警信息。

2）预警行动

研判可能发生运营突发事件时，运营单位视情采取以下措施：

（1）防范措施。

对于城市轨道交通系统内设施设备及环境状态预警，要组织专业人员迅速对相关设施设备状态进行检查确认，排除故障，并做好故障排除前的各项防范工作。

对于突发大客流预警，要及时调整运营组织方案，加强客流情况监测，在重点车站增派人员加强值守，做好客流疏导，视情采取限流、封站等控制措施，必要时申请启动地面公共交通接驳疏运。城市轨道交通运营主管部门要及时协调组织运力疏导客流。

对于自然灾害预警，要加强对地面线路、设备间、车站出入口等重点区域的检查巡视，加强对重点设施设备的巡检紧固和对重点区段设施设备的值守监测，做好相关设施设备停用和相关线路列车限速、停运准备。

(2)应急准备。

责令应急救援队伍和人员进入待命状态，动员后备人员做好参加应急救援和处置工作准备，并调集运营突发事件应急所需物资、装备和设备，做好应急保障工作。

(3)舆论引导。

预警信息发布后，及时公布咨询电话，加强相关舆情监测，主动回应社会公众关注的问题，及时澄清谣言传言，做好舆论引导工作。

3)预警解除

运营单位研判可能引发运营突发事件的危险已经消除时，宣布解除预警，适时终止相关措施。

❸ 信息报告

运营突发事件发生后，运营单位应当立即向当地城市轨道交通运营主管部门和相关部门报告，同时通告可能受到影响的单位和乘客。

事发地城市轨道交通运营主管部门接到运营突发事件信息报告或者监测到相关信息后，应当立即进行核实，对运营突发事件的性质和类别作出初步认定，按照国家规定的时限、程序和要求向上级城市轨道交通运营主管部门和同级人民政府报告，并通报同级其他相关部门和单位。运营突发事件已经或者可能涉及相邻行政区域的,事发地城市轨道交通运营主管部门应当及时通报相邻区域城市轨道交通运营主管部门。事发地城市及以上地方各级人民政府、城市轨道交通运营主管部门应当按照有关规定逐级上报,必要时可越级上报。对初判为重大以上的运营突发事件,省级人民政府和交通运输部要立即向国务院报告。

六、应急响应

❶ 分级响应

根据运营突发事件的严重程度和发展态势,将应急响应设定为Ⅰ级、Ⅱ级、Ⅲ级、Ⅳ级四个等级。初判发生特别重大、重大运营突发事件时,分别启动Ⅰ级、Ⅱ级应急响应,由事发地省级人民政府负责应对工作;初判发生较大、一般运营突发事件时,分别启动Ⅲ级、Ⅳ级应急响应,由事发地城市人民政府负责应对工作。对跨城市运营的城市轨道交通线路,有关城市人民政府在建立跨区域运营突发事件应急合作机制时应明确各级应急响应的责任主体。

对需要国家层面协调处置的运营突发事件,由有关省级人民政府向国务院或由有关省级城市轨道交通运营主管部门向交通运输部提出请求。

运营突发事件发生在易造成重大影响的地区或重要时段时,可适当提高响应级别。应急响应启动后,可视事件造成损失情况及其发展趋势调整响应级别,避免响应不足或响应过度。

❷ 响应措施

运营突发事件发生后,运营单位必须立即实施先期处置,全力控制事件发展态势。各有关地方、部门和单位根据工作需要,

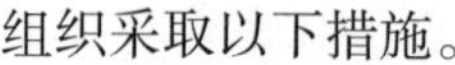

组织采取以下措施。

1）人员搜救

调派专业力量和装备，在运营突发事件现场开展以抢救人员生命为主的应急救援工作。现场救援队伍之间要加强衔接和配合，做好自身安全防护。

2）现场疏散

按照预先制订的紧急疏导疏散方案，有组织、有秩序地迅速引导现场人员撤离事发地点，疏散受影响城市轨道交通沿线站点乘客至城市轨道交通车站出口；对城市轨道交通线路实施分区封控、警戒，阻止乘客及无关人员进入。

3）乘客转运

根据疏散乘客数量和发生运营突发事件的城市轨道交通线路运行方向，及时调整城市公共交通路网客运组织，利用城市轨道交通其余正常运营线路，调配地面公共交通车辆运输，加大发车密度，做好乘客的转运工作。

4）交通疏导

设置交通封控区，对事发地点周边交通秩序进行维护疏导，防止发生大范围交通瘫痪；开通绿色通道，为应急车辆提供通行保障。

5）医学救援

迅速组织当地医疗资源和力量，对伤病员进行诊断治疗，根据需要及时、安全地将重症伤病员转运到有条件的医疗机构加强救治。视情增派医疗卫生专家和卫生应急队伍、调配急需医药物资，支持事发地的医学救援工作。提出保护公众健康的措施建议，做好伤病员的心理援助。

6）抢修抢险

组织相关专业技术力量，开展设施设备等抢修作业，及时排除故障；组织土建线路抢险队伍，开展土建设施、轨道线路等抢险作业;组织车辆抢险队伍,开展列车抢险作业;组织机电设备抢险队伍,开展供电、通信、信号等抢险作业。

7)维护社会稳定

根据事件影响范围、程度,划定警戒区,做好事发现场及周边环境的保护和警戒,维护治安秩序;严厉打击借机传播谣言制造社会恐慌等违法犯罪行为;做好各类矛盾纠纷化解和法律服务工作,防止出现群体性事件,维护社会稳定。

8)信息发布和舆论引导

通过政府授权发布、发新闻稿、接受记者采访、举行新闻发布会、组织专家解读等方式,借助电视、广播、报纸、互联网等多种途径,运用微博、微信、手机应用程序(APP)客户端等新媒体平台,主动、及时、准确、客观向社会持续动态发布运营突发事件和应对工作信息,回应社会关切,澄清不实信息,正确引导社会舆论。信息发布内容包括事件时间、地点、原因、性质、伤亡情况、应对措施、救援进展、公众需要配合采取的措施、事件区域交通管制情况和临时交通措施等。

9)运营恢复

在运营突发事件现场处理完毕、次生灾害后果基本消除后,及时组织评估;当确认具备运营条件后,运营单位应尽快恢复正常运营。

七、保障措施

❶ 通信保障

城市轨道交通所在地城市及以上地方人民政府、通信主管部门要建立健全运营突发事件应急通信保障体系,形成可靠的通信保障能力,确保应急期间通信联络和信息传递需要。

❷ 队伍保障

运营单位要建立健全运营突发事件专业应急救援队伍，加强人员设备维护和应急抢修能力培训，定期开展应急演练，提高应急救援能力。公安消防、武警部队等要做好应急力量支援保障。根据需要动员和组织志愿者等社会力量参与运营突发事件防范和处置工作。

❸ 装备物资保障

城市轨道交通所在地城市及以上地方人民政府和有关部门、运营单位要加强应急装备物资储备，鼓励支持社会化储备。城市轨道交通运营主管部门、运营单位要加强对城市轨道交通应急装备物资储备信息的动态管理。

❹ 技术保障

支持运营突发事件应急处置先进技术、装备的研发。建立城市轨道交通应急管理技术平台，实现信息综合集成、分析处理、风险评估的智能化和数字化。

❺ 交通运输保障

交通运输部门要健全道路紧急运输保障体系，保障应急响应所需人员、物资、装备、器材等的运输，保障人员疏散。公安部门要加强应急交通管理，保障应急救援车辆优先通行，做好人员疏散路线的交通疏导。

❻ 资金保障

运营突发事件应急处置所需经费首先由事件责任单位承担。城市轨道交通所在地城市及以上地方人民政府要对运营突发事件处置工作提供资金保障。

八、城市轨道交通事件分级标准

(1)特别重大运营突发事件:造成30人以上死亡,或者100人以上重伤,或者直接经济损失1亿元以上的。

(2)重大运营突发事件:造成10人以上30人以下死亡,或者50人以上100人以下重伤,或者直接经济损失5000万元以上1亿元以下,或者连续中断行车24h以上的。

(3)较大运营突发事件:造成3人以上10人以下死亡,或者10人以上50人以下重伤,或者直接经济损失1000万元以上5000万元以下,或者连续中断行车6h以上24h以下的。

(4)一般运营突发事件:造成3人以下死亡,或者10人以下重伤,或者直接经济损失50万元以上1000万元以下,或者连续中断行车2h以上6h以下的。

上述分级标准有关数量的表述中,“以上”含本数,“以下”不含本数。

第二章　城市轨道交通运营企业安全生产主体责任

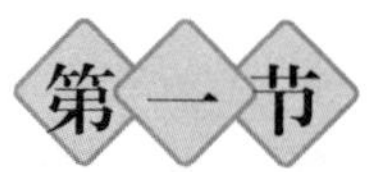

第一节　安全生产主体责任概述

安全生产责任制的定义:安全生产责任制是按照"安全第一、预防为主、综合治理"的安全生产方针和"管生产必须管安全"的原则,将各级负责人员、各职能部门及其工作人员和各岗位生产人员在安全生产方面应做的事情和应负的责任加以明确规定的一种制度。

安全生产责任制是生产经营单位各项安全生产规章制度的核心,是生产经营单位行政岗位责任制和经济责任制度的重要组成部分,也是最基本的职业健康安全管理制度。

一、建立安全生产责任制的目的和意义

《安全生产法》第四条明确指出:"生产经营单位必须遵守本法和其他有关安全生产的法律、法规,加强安全生产管理,建立、健全安全生产责任制和安全生产规章制度,改善安全生产条件,推进安全生产标准化建设,提高安全生产水平,确保安全生产。"

建立安全生产责任制的目的,一方面是增强生产经营单位各级负责人员,各职能部门及其他工作人员和各岗位的工作人员对安全生产的责任感;另一方面也是为了调动其责任心和主观能动

性,确保安全生产。

建立安全生产责任制的意义在于落实安全生产方针和有关安全生产法规和政策的要求;通过明确责任使各级、各类人员真正重视安全生产工作,对预防事故减少损失、进行事故调查和处理,建立和谐社会均具有重要作用。

二、安全生产责任制的定义

安全生产责任制是按照"安全第一、预防为主"的安全生产方针和"管生产必须管安全"的原则,将各级负责人员、各职能部门及其工作人员和各岗位生产人员在安全生产方面应做的事情和应负的责任加以明确规定的一种制度。

安全生产责任制是生产经营单位各项安全生产规章制度的核心,是生产经营单位行政岗位责任制和经济责任制度的重要组成部分,也是最基本的职业健康安全管理制度。

第二节　城市轨道交通运营企业安全生产职责

生产经营单位的从业人员包括主要负责人、安全生产管理人员、其他从业人员和特种作业人员,其中:

(1)生产经营单位主要负责人是指对本单位生产经营负全面责任,有生产经营决策权的人员。具体指有限责任公司或股份有限公司的董事长、总经理,其他生产经营单位的厂长、经理、矿长、投资人等。

(2)生产经营单位安全生产管理人员是指在生产经营单位从事安全生产管理工作的人员。具体指生产经营单位安全生产管理机构负责人及其工作人员,以及未设安全生产管理机构的专兼

职安全生产管理人员等。

(3)生产经营单位其他从业人员是指除主要负责人和安全生产管理人员以外,该单位从事生产经营各项活动的所有人员,包括其他负责人、管理人员、技术人员和各岗位的工人,以及临时聘用的人员。

(4)特种作业人员是指直接从事特殊种类作业的从业人员。特种作业是指容易发生事故,对操作者本人、他人的安全健康及设备、设施的安全可能造成重大危害的作业。特种作业的范围由特种作业目录规定。

一、企业主要负责人的安全生产职责

企业主要负责人的安全生产职责主要包括以下内容:

❶ 建立、健全本单位安全生产责任制

安全生产责任制是生产经营单位最基本也是最核心的安全生产管理制度,是根据安全生产相关的法律法规,按照“安全第一、预防为主、综合治理”的方针以及“管生产必须管安全”的原则,将单位的主要负责人与其他负责人、各职能部门及其工作人员、工程技术人员和各岗位操作人员在安全生产方面应做的事情及应负的责任加以明确规定的一种制度。

安全生产责任制必须具有全面性,做到安全工作层层有人负责,生产经营单位的主要负责人必须带头,自觉执行责任制的规定,并经常或定期检查安全生产责任制的执行情况,定期考核并奖优惩劣,提高本单位全体从业人员执行安全生产责任制的自觉性,使安全生产责任制的执行得以巩固。

❷ 组织制定本单位安全生产规章制度和操作规程

生产经营单位的主要负责人,应依据国家有关的法律法规、

标准规范要求，结合企业自身的发展需要，组织制定本单位安全生产的规章制度和操作规程，用以规范和指导本单位从业人员的作业行为。

安全生产规章制度是法律、法规的延伸和具体化。安全生产规章制度是一个单位规章制度的重要组成部分，是保证生产经营单位活动安全、顺利进行的重要手段，其主要内容包括两个方面：一是安全生产管理方面的规章制度，即安全生产责任制、安全生产教育培训制度、安全生产检查制度、安全生产事故报告制度、危险品安全管理制度、安全设施管理、危险作业管理、特种作业安全管理、安全生产奖惩等。二是安全生产技术方面的规章制度，即电气安全技术、锅炉压力容器安全技术、特种设备安全技术等。

安全生产操作规程是对施工工艺、操作、安装、检测等的作业行为指导书，安全操作规程与岗位紧密联系，是保证岗位作业安全的重要基础，生产经营单位的主要负责人应当组织制定本单位的安全生产管理制度和操作规程，并保证其有效实施。

❸ 组织制定并实施本单位安全生产教育和培训计划

生产经营单位的安全生产教育培训计划是根据本企业安全生产状况、岗位特点、人员结构组成等，有针对性地规定单位负责人、职能部门负责人、安全生产管理人员、特种作业人员以及其他人员的安全生产教育和培训的统筹安排，包括教育培训的经费保障、教育培训的内容以及组织实施措施等内容。

从业人员既是安全生产的保护对象，又是保证安全生产的决定性因素，具有高安全素质和技能的从业人员，是保证生产经营单位生产活动安全进行的前提。安全生产教育和培训计划是具体落实从业人员教育和培训任务，保证教育和培训质量，提高从业人员素质和安全操作技能的重要保障。

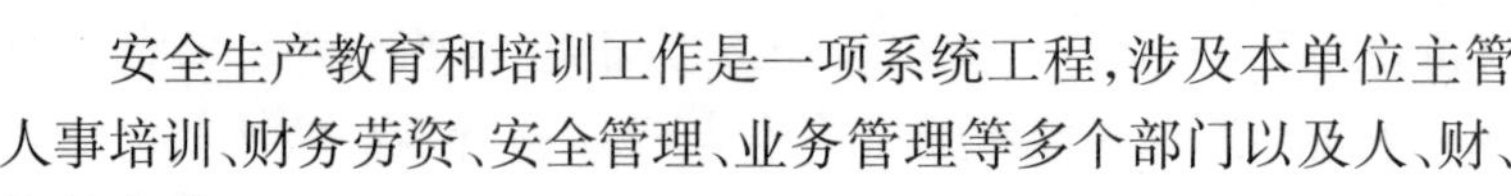

安全生产教育和培训工作是一项系统工程，涉及本单位主管人事培训、财务劳资、安全管理、业务管理等多个部门以及人、财、物的安排。

在生产过程中，安排从业人员参加单位安全生产教育和培训往往是比较难协调的，安全生产管理机构要求培训、人事培训部门想组织培训，但是业务主管部门因怕培训教育会影响本部门的生产经营活动和经济效益，而不愿意进行教育和培训。因此，主要负责人有职责和义务组织有关人事培训、财务劳资、安全管理及业务主管等部门认真制定好本单位的安全生产教育和培训计划，并保证计划的落实，重点是抓好本单位新进员工和调换岗位、特种作业人员岗位的安全生产教育和培训工作。

❹ 保证本单位安全生产投入的有效实施

生产经营单位为了具备安全生产法律、行政法规及国家行业标准或者行业标准规定的安全生产条件，还需要一定的资金投入用于安全设备设施建设、安全防护用配备、教育培训计划等等。安全生产投入是保障生产经营单位具备安全生产条件的必备物质基础，对大量安全生产事故的分析表明，生产经营单位的安全资金投入不足是导致事故发生的重要原因之一。

生产经营单位的资金投入，一般都是由主要负责人决策。在市场经济条件下，生产经营单位的主要负责人往往更重视经济效益，认为安全生产投入会影响经济效益，或者存在侥幸心理，不想或者不愿意在安全方面过多的投入。因此，《中华人民共和国安全生产法》和有关的法律、法规、规章要求生产经营单位必须保证本单位安全生产的资金投入，生产经营单位的主要负责人应当保证本单位安全生产方面的投入能有效实施，并保证这项投入真正用于本单位的安全生产工作。在经济效益和安全生产方面找到最佳结合点，促进安全生产经营。

《企业安全生产费用提取和使用管理办法》(财企〔2012〕16号)第九条规定:交通运输企业以上年度实际营业收入为计提依据,按照以下标准平均逐月提取:客运业务、管道运输、危险品等特殊货运业务按照1.5%提取。

《企业安全生产费用提取和使用管理办法》第二十一条规定,交通运输企业安全费用应当按照以下范围使用:

(1)完善、改造和维护安全防护设施设备支出(不含"三同时"要求初期投入的安全设施),包括道路、水路、铁路、管道运输设施设备和装卸工具安全状况检测及维护系统、运输设施设备和装卸工具附属安全设备等支出;

(2)购置、安装和使用具有行驶记录功能的车辆卫星定位装置、船舶通信导航定位和自动识别系统、电子海图等支出;

(3)配备、维护、保养应急救援器材、设备支出和应急演练支出;

(4)开展重大危险源和事故隐患评估、监控和整改支出;

(5)安全生产检查、评价(不包括新建、改建、扩建项目安全评价)、咨询和标准化建设支出;

(6)配备和更新现场作业人员安全防护用品支出;

(7)安全生产宣传、教育、培训支出;

(8)安全生产适用的新技术、新标准、新工艺、新装备的推广应用支出;

(9)安全设施及特种设备检测检验支出;

(10)其他与安全生产直接相关的支出。

在公共交通行业中,安全资金投入,主要负责人要确保适用的范围有效,且及时投入,并定期对安全生产费用适用情况进行监督检查。生产经营单位应当具备的安全生产条件所必需的资金投入,由生产经营单位的决策机构、主要负责人或者个人经营的投资人予以保证,并对由于安全生产所必需的资金投入不足导

致的后果承担责任。

❺ 督促、检查本单位的安全生产工作，及时消除生产安全事故隐患

安全生产事故隐患是指生产经营单位违反安全生产法律、法规、规章、标准、规程和安全生产管理制度的规定，或者因其他因素在生产经营活动中存在可能导致事故发生的物的危险状态、人的不安全行为和管理上的缺陷。

事故隐患分为一般事故隐患和重大事故隐患。一般事故隐患，是指危害和整改难度较小，发现后能够立即整改排除的隐患。重大事故隐患，是指危害和整改难度较大，应当全部或者局部停产停业，并经过一定时间整改治理方能排除的隐患，或者因外部因素影响致使生产经营单位自身难以排除的隐患。

隐患是导致事故的根源，隐患不除，安全生产就存在可能产生事故，生产经营主要负责人应该建立公司的安全生产隐患排查治理制度，对从业人员进行岗位和工作场所职业危害告知，同时培训安全生产的应急自救知识，主要负责人应当组织并经常性地对本单位安全生产工作进行监督检查，对在检查中发现的安全隐患及问题及时解决，对存在的生产安全事故隐患及时予以排除。

❻ 组织制定并实施本单位的生产安全事故应急救援预案

生产安全事故应急预案，是指生产经营单位根据本单位的实际情况，针对可能发生的事故类别、性质、特点和范围等情况制定的事故发生时的组织、技术措施和其他应急措施，是有效预防和控制可能发生的事故，最大限度减少事故造成损害而预先制定的工作方案。生产安全事故应急预案对于防止事故扩大和迅速抢救受害人员、尽可能地减少财产损失，具有重要作用。它是一个涉及多方面工作的系统工程，需要生产经营单位主要负责人组织制定和实施，一旦发生事故也要亲自指挥、调度。

❼ 及时、如实报告生产安全事故

企业发生安全生产事故后，及时向有关部门报送，一方面可以使得有关部门及时配合生产经营单位进行抢险救援，防止事故扩大，减少人员伤亡和财产损失，如实掌握事故的发展情况按照规定向社会披露相关事故信息；另一方面也有利于有关部门对事故进行调查处理，分析事故的原因，处理有关责任人员，提出防范措施，生产经营单位的主要负责人应当按照《安全生产法》《生产安全事故报告和调查处理条例》及相关法律、法规、规章或者当地的规定，及时、如实地报告安全生产事故，不得隐瞒不报、不得迟报、谎报。

❽ 消防安全责任人职责

《城市轨道交通消防安全管理》（GA/T 579—2005）第5.2规定：城市轨道交通运营单位的法人代表或者主要负责人是单位的消防安全责任人，对本单位的消防安全工作全面负责并应履行下列职责：

（1）贯彻执行消防法规，保证单位消防安全符合规定，掌握本单位消防安全情况；

（2）组织编制和审定单位消防应急预案；

（3）组织审定与落实年度消防安全工作计划和消防安全资金预算方案；

（4）确定本单位逐级消防安全责任，任命消防安全管理人员，批准实施消防安全管理制度和保证消防安全的操作规程；

（5）组织建立消防安全例会制度，每月至少召开一次消防安全工作会议；

（6）组织火灾隐患整改工作，负责筹措整改资金；

（7）每月至少参加一次防火检查；

(8)消防安全责任人应当报当地公安消防机构备案。

二、主要负责人未尽职责的法律责任

❶ 因安全生产资金投入不到位的法律责任

《安全生产法》第九十条规定:生产经营单位的决策机构、主要负责人或者个人经营的投资人不依照本法规定保证安全生产所必需的资金投入,致使生产经营单位不具备安全生产条件的,责令限期改正,提供必需的资金;逾期未改正的,责令生产经营单位停产停业整顿。

有前款违法行为,导致发生生产安全事故的,对生产经营单位的主要负责人给予撤职处分,对个人经营的投资人处二万元以上二十万元以下的罚款;构成犯罪的,依照刑法有关规定追究刑事责任。

❷ 生产经营单位主要负责人不履行安全生产管理责任的法律责任

《安全生产法》第九十一条规定:生产经营单位的主要负责人未履行本法规定的安全生产管理职责的,行政执法机关责其在有效的期限内,依照规定履行其应尽的安全生产管理职责。在规定时间内逾期未改正的,处二万元以上五万元以下的罚款,责令生产经营单位停产停业整顿。通过对企业主要负责人的罚款,可以更直接、更有效地督促其履行安全生产管理职责,在对主要负责人进行罚款的同时,生产经营单位也应当被责令停产停业整顿,直到生产经营单位的主要负责人按照相关规定履行了安全生产职责,才能恢复生产经营活动。这样既有主要负责人的个人责任,又有生产经营单位的责任。

生产经营单位的主要负责人有前款违法行为,导致发生生产安全事故的,给予撤职处分;构成犯罪的,依照刑法有关规定追究刑事责任。

生产经营单位的主要负责人依照前款规定受刑事处罚或者撤职处分的,自刑罚执行完毕或者受处分之日起,五年内不得担任任何生产经营单位的主要负责人;对重大、特别重大生产安全事故负有责任的,终身不得担任本行业生产经营单位的主要负责人。

《安全生产法》第九十二条规定:生产经营单位的主要负责人未履行本法规定的安全生产管理职责,导致发生生产安全事故的,由安全生产监督管理部门依照下列规定处以罚款:

(1)发生一般事故的,处上一年年收入百分之三十的罚款;

(2)发生较大事故的,处上一年年收入百分之四十的罚款;

(3)发生重大事故的,处上一年年收入百分之六十的罚款;

(4)发生特别重大事故的,处上一年年收入百分之八十的罚款。

《安全生产法》第九十三条规定:生产经营单位的安全生产管理人员未履行本法规定的安全生产管理职责的,责令限期改正;导致发生生产安全事故的,暂停或者撤销其与安全生产有关的资格;构成犯罪的,依照刑法有关规定追究刑事责任。

❸ 发生事故后生产经营单位主要负责人不立即抢救、擅离职守或者逃匿的法律责任

《安全生产法》第一百零六条规定:生产经营单位的主要负责人在本单位发生生产安全事故时,不立即组织抢救或者在事故调查处理期间擅离职守或者逃匿的,给予降级、撤职的处分,并由安全生产监督管理部门处上一年年收入百分之六十至百分之一百的罚款;对逃匿的处十五日以下拘留;构成犯罪的,依照刑法有关规定追究刑事责任。

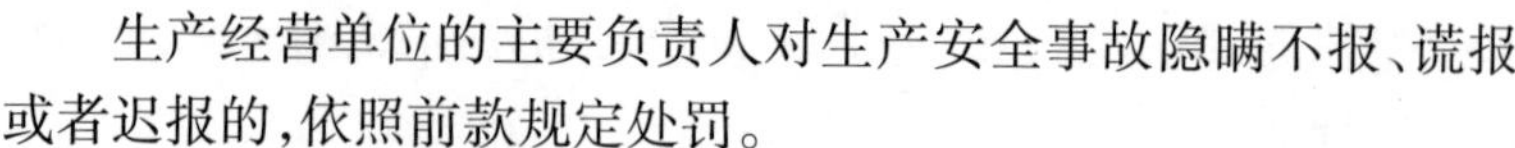

生产经营单位的主要负责人对生产安全事故隐瞒不报、谎报或者迟报的,依照前款规定处罚。

《安全生产法》第一百零九条规定:发生生产安全事故,对负有责任的生产经营单位除要求其依法承担相应的赔偿等责任外,由安全生产监督管理部门依照下列规定处以罚款:

(1)发生一般事故的,处二十万元以上五十万元以下的罚款;

(2)发生较大事故的,处五十万元以上一百万元以下的罚款;

(3)发生重大事故的,处一百万元以上五百万元以下的罚款;

(4)发生特别重大事故的,处五百万元以上一千万元以下的罚款;情节特别严重的,处一千万元以上二千万元以下的罚款。

❹ 违反《突发事件应对法》相关规定后的法律责任

《突发事件应对法》第六十四条规定:有关单位有下列情形之一的,由所在地履行统一领导职责的人民政府责令停产停业,暂扣或者吊销许可证或者营业执照,并处五万元以上二十万元以下的罚款;构成违反治安管理行为的,由公安机关依法给予处罚:

(1)未按规定采取预防措施,导致发生严重突发事件的;

(2)未及时消除已发现的可能引发突发事件的隐患,导致发生严重突发事件的;

(3)未做好应急设备、设施日常维护、检测工作,导致发生严重突发事件或者突发事件危害扩大的;

(4)突发事件发生后,不及时组织开展应急救援工作,造成严重后果的。

❺ 违反《消防法》相关规定的法律责任

第十六条　单位的主要负责人是本单位的消防安全责任人。

第二十四条　消防产品必须符合国家标准;没有国家标准的,必须符合行业标准。禁止生产、销售或者使用不合格的消防产品以及国家明令淘汰的消防产品。

第六十条　单位违反本法规定,有下列行为之一的,责令改正,处五千元以上五万元以下罚款:

(1)消防设施、器材或者消防安全标志的配置、设置不符合国家标准、行业标准,或者未保持完好有效的;

(2)损坏、挪用或者擅自拆除、停用消防设施、器材的;

(3)占用、堵塞、封闭疏散通道、安全出口或者有其他妨碍安全疏散行为的;

(4)埋压、圈占、遮挡消火栓或者占用防火间距的;

(5)占用、堵塞、封闭消防车通道,妨碍消防车通行的;

(6)人员密集场所在门窗上设置影响逃生和灭火救援的障碍物的;

(7)对火灾隐患经公安机关消防机构通知后不及时采取措施消除的。

❻ 违反《职业病防治法》相关规定的责任

第四条　劳动者依法享有职业卫生保护的权利。

用人单位应当为劳动者创造符合国家职业卫生标准和卫生要求的工作环境和条件,并采取措施保障劳动者获得职业卫生保护。

第五条　用人单位应当建立、健全职业病防治责任制,加强对职业病防治的管理,提高职业病防治水平,对本单位产生的职业病危害承担责任。

第六条　用人单位的主要负责人对本单位的职业病防治工作全面负责。

第七条　用人单位必须依法参加工伤保险。

国务院和县级以上地方人民政府劳动保障行政部门应当加强对工伤保险的监督管理,确保劳动者依法享受工伤保险待遇。

第三十五条　用人单位的主要负责人和职业卫生管理人员

应当接受职业卫生培训，遵守职业病防治法律、法规，依法组织本单位的职业病防治工作。

第七十三条　用人单位违反本法规定，有下列行为之一的，由安全生产监督管理部门给予警告，责令限期改正，逾期不改正的，处五万元以上二十万元以下的罚款；情节严重的，责令停止产生职业病危害的作业，或者提请有关人民政府按照国务院规定的权限责令关闭：

（1）工作场所职业病危害因素的强度或者浓度超过国家职业卫生标准的；

（2）未提供职业病防护设施和个人使用的职业病防护用品，或者提供的职业病防护设施和个人使用的职业病防护用品不符合国家职业卫生标准和卫生要求的；

（3）对职业病防护设备、应急救援设施和个人使用的职业病防护用品未按照规定进行维护、检修、检测，或者不能保持正常运行、使用状态的；

（4）未按照规定对工作场所职业病危害因素进行检测、评价的；

（5）工作场所职业病危害因素经治理仍然达不到国家职业卫生标准和卫生要求时，未停止存在职业病危害因素的作业的；

（6）未按照规定安排职业病病人、疑似职业病病人进行诊治的；

（7）发生或者可能发生急性职业病危害事故时，未立即采取应急救援和控制措施或者未按照规定及时报告的；

（8）未按照规定在产生严重职业病危害的作业岗位醒目位置设置警示标识和中文警示说明的；

（9）拒绝职业卫生监督管理部门监督检查的；

（10）隐瞒、伪造、篡改、毁损职业健康监护档案、工作场所职业病危害因素检测评价结果等相关资料，或者拒不提供职业病诊断、鉴定所需资料的；

(11)未按照规定承担职业病诊断、鉴定费用和职业病病人的医疗、生活保障费用的。

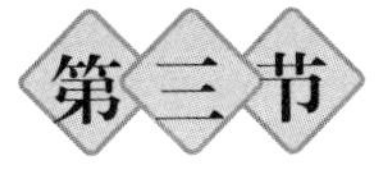

第三节 城市轨道交通运营企业安全生产管理机构和人员的职责与法律责任

一、安全生产管理机构和人员的职责

根据《安全生产法》第二十二条规定：生产经营单位的安全生产管理机构以及安全生产管理人员履行下列职责：

❶ 组织或者参与拟订本单位安全生产规章制度、操作规程和生产安全事故应急救援预案

生产经营单位的安全生产规章制度和操作规程是根据其自身生产经营范围和可能造成的危害、工作性质及具体工作内容，依照国家有关法律、行政法规和规章标准，有针对性制定的、具有可操作性的保障安全生产工作运转的管理制度及工作方式、方法和操作规程、作业指导书。生产安全事故的应急预案是指生产经营单位根据本单位的实际，分析可能产生的危害因素及造成的危害后果，制定针对性的安全管理、组织、技术等预防措施方案，确保公司的安全运行。

❷ 组织或者参与本单位安全生产教育和培训，如实记录安全生产教育和培训情况

为了使得安全生产教育和培训具有针对性，管理人员应根据

企业特点和企业需求，制定年培训计划，并保证计划的有效实施，安全生产管理机构或管理人员有责任和义务，根据主要负责人的安排，负责组织制定本单位的安全生产教育培训计划并积极参与本企业有关部门制定的安全教育培训，以保证教育和培训计划符合本单位安全生产的实际，起到应有的作用，同时安全生产管理人员还应当详细记录安全生产培训和教育记录，同时对培训效果进行评价分析，及时调整培训方式或方法，确保更好地进行教育培训，及时掌握安全生产教育培训计划的实施进展动向，建立公司的教育培训制度，对从业人员、转岗人员、复工人员及特种作业人员的教育及再培训教育，健全从业人员的培训档案，同时向本单位负责人报告。

❸ 督促落实本单位重大危险源的安全管理措施

《安全生产法》中对重大危险源的定义是：长期地或者临时地生产、搬运、使用或者储存危险物品，且危险物品的数量等于或者超过临界量的单元(包括场所和设施)。重大危险源的两个因素，一个是危险化学品，另一个是危险化学品的数量超过临界量。《危险化学品重大危险源辨识》(GB 18218)中规定的临界量是指：对于某种或者某类的危险化学品规定的数量，若单元中的危险化学品数量等于或者超过该数量，则该单元定位重大危险源(单元：一个(套)生产装置、设施或场所，或同属一个生产经营单位的且边缘距离小于五百米的几个(套)生产装置、设施或场所)。重大危险源是危险化学品的聚集的地方，具有较大的危险性，而且一旦发生安全生产事故，将会对从业人员和相关人员的人身安全和财产造成重大的损害，生产经营单位应当对危险化学品重大危险源严格建档，对重大危险源进行辨识评估，采取有效的预防措施，同时向有关部门进行备案。公司安全管理机构或者管理人员还要定期对重大危险源进行检查、检测和评估。对于辨识出来的存在较大风险的危险源，还应当建立专门的监控系统，对重大危险源实施不间断的监控，同时，安全生产管理人员进行现场检查中，发现重大危险源未按照有关规定进行管理的，应要求相关的业务部门进行整改。

城市公共交通企业的管理机构或者管理人员，应根据企业的生产情况，辨识是否存在重大危险，并对辨识出的危险源采取相应的管理措施。

❹ 组织或者参与本单位应急救援演练

城市公共交通运输企业应根据相关的法律法规要求，并结合本行业特点，建立健全相应的应急预案，配备专兼职的应急救援人员，配置相应的应急救援装备物资，定期检查保养，确保完好有效。

开展应急救援演练，有助于提高本企业的安全事故应急能力，同时也是检验安全生产事故应急救援预案有效性的重要途径，公共交通企业应定期开展应急救援演练工作。安全生产管理机构应该根据本单位的安排，积极组织本单位的应急演练工作，制定详细的应急演练方案，精心组织实施，确保应急演练取得相应的效果。对于有关主管部门组织的应急演练活动，本单位的安全管理部门或者其他相关部门应积极参与，并配合做好应急演练的相关工作。

在应急预案演练之后，要及时进行总结，发现不足之处要对预案及时进行修订，确保其具有良好的可操作性。同时将应急预案和应急演练对从业人员进行培训，增强其从业人员的应急能力。

❺ 检查本单位的安全生产状况，及时排查生产安全事故隐患，提出改进安全生产管理的建议

安全生产管理机构和安全生产管理人员的根本职责就是，及时排查生产安全事故隐患，安全生产管理机构应当根据本企业生

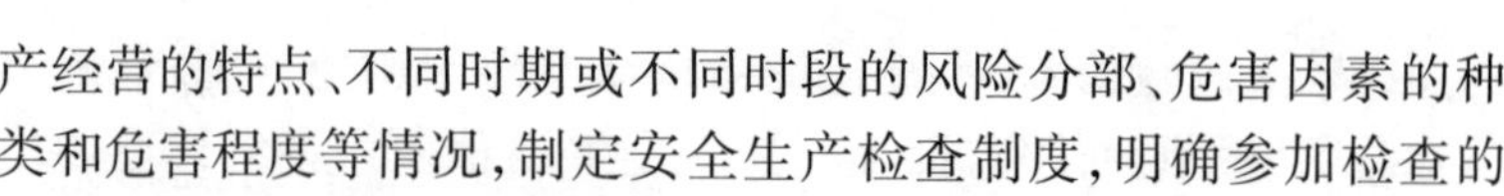

产经营的特点、不同时期或不同时段的风险分部、危害因素的种类和危害程度等情况，制定安全生产检查制度，明确参加检查的人员及检查的对象、频次，做好安全生产检查计划工作。

安全生产管理机构或者安全生产管理人员应该有计划、有步骤地开展巡查、检查本单位每个作业环境场所、设备设施的运行和人员的操作行为，不留死角。对于安全风险大，容易发生生产安全事故的地点或时段，应加大检查频率，并发现隐患及时整改，确保安全。不能立即整改或者排除的，要求暂时停止作业或施工，责令有关部门、班组提出整改措施，限期整改。如果有可能发生安全生产事故的、危机从业人员生命健康的，应立即采取撤离从业人员到安全地点的措施，对于不能或者难以整改的安全隐患，要及时上报本单位的负责人。

对于检查或辨识出的安全隐患，要对从业人员进行危害告知，并对从业人员针对危险源采取的应对措施进行培训。

❻ 制止和纠正违章指挥、强令冒险作业、违反操作规程的行为

安全生产管理机构或者管理人员，在生产过程中对发现的违章作业、违章指挥或者违反劳动操作规程行为、强令冒险作业的，应当立即制止和纠正。

为促使从业人员遵章守纪，公司应建立安全生产考核奖惩制度，安全生产管理人员应当将从业人员的违规记录纳入安全生产奖惩的内容，对违规违章者严肃处理，对于经常性违规的从业人员，要重新安排进行安全生产教育和培训，必要时，调离或者调岗。对于违章违规情节严重的，建议本单位予以开除处理。只有通过严厉的安全生产管理制度，才能从根本上纠正从业人员的违章指挥、强令冒险作业、违反操作规程的行为。

❼ 督促落实本单位安全生产整改措施

安全生产整改措施，包括重大事故隐患整改措施以及其他不

安全问题的整改措施，它是一项复杂的系统工程，包括整改的目标和任务、采取的措施和方法、所需的经费和物质装备、负责整改的机构和人员、整改的期限和要求、相应的安全措施和应急预案等，涉及人、财、物、环等多个方面。按照“管生产必须管安全”的原则，落实安全生产整改措施，应由相关的业务部门负责，为了保证安全生产措施能够及时得到落实，安全生产管理机构或安全生产管理人员应当加强对业务主管部门的监督，对不按照规定采取整改措施的，或者整改措施不到位、不落实者，应当及时向本单位主要负责人报告。

另外，《城市轨道交通消防安全管理》(GA/T 579—2005)第5.3规定：城市轨道交通运营单位的消防安全管理人应由消防安全责任人任命，并应履行下列职责：

(1)拟订年度消防工作计划和消防资金预算方案；

(2)协助组织编制和审定本单位消防应急预案；

(3)组织制订消防安全制度和保障消防安全的操作规程；

(4)组织实施防火检查，每月至少一次；

(5)组织整改火灾隐患；

(6)组织建立消防组织，每半年至少组织一次消防宣传教育、灭火和应急演练；

(7)消防安全责任人委托的其他消防安全管理工作；

(8)向消防安全责任人报告消防安全工作情况，每月至少一次；

(9)消防安全管理人员应当报当地公安消防机构备案。

另外《城市轨道交通消防安全管理》(GA/T 579—2005)第5.5规定：城市轨道交通运营单位应确定专、兼职的消防安全员，消防安全员应履行下列职责：

(1)分析研究本部门、岗位的消防安全工作，及时向上级报告；

(2)确定本部门、岗位的消防安全重点部位,实施日常防火检查、巡查;

(3)接受安排落实水灾隐患整改措施;

(4)管理、维护消防设施、灭火器材和消防安全标志;

(5)协助开展消防宣传和消防安全教育培训;

(6)协助编制消防应急疏散预案,组织演练;

(7)记录消防工作落实情况,完善消防档案。

二、安全生产管理机构和人员的法律责任

安全生产管理人员应当依法履行安全生产管理职责,生产经营单位也要为安全生产管理人员依法履行职责提供便利,同时也要监督督促其依法行驶职责,安全生产管理人员未依法履行安全生产管理职责的,有关部门应当责令其限期整改。

安全生产管理人员未履行本法规定的安全生产管理职责而导致发生生产安全事故的,暂停或者撤销其安全生产有关的资格,生产经营单位可以依法暂停该安全生产管理人员负责安全生产管理工作,也可以依法对其进行撤换。安全生产管理人员构成犯罪的,依照刑法有关规定追究刑事责任。

第三章　城市轨道交通运营企业安全基础管理

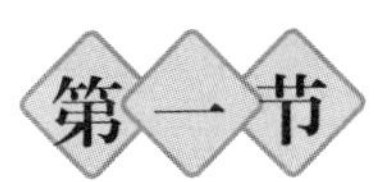

第一节　安全生产方针与目标管理

一、运营安全管理方针

“安全第一、预防为主、综合治理”是我国城市轨道交通系统运营的安全管理方针。

“安全第一”就是要求运营企业在组织生产、指挥生产时，坚持把安全生产作为企业生存与发展的第一要素和保证条件。“预防为主”就是要求运输企业以积极主动的态度，从组织管理和技术措施上，增强安全保障系统的整体功能，把事故遏制在萌芽状态，做到防患于未然。“综合治理”就是在主要负责人和安全管理人员的统一领导下，依靠企业内部员工和社会各方面的力量，分工合作，综合运用法律、经济、教育、文化等各种手段，惩治扰乱轨道交通运营秩序的行为，达到维护社会安定，保障市民出行的目的。

二、安全控制指标

(1)《城市轨道交通运营管理规范》(GB/T 30012—2013)第

8.1.12 中关于城市轨道交通设备设施的安全指标规定如下:

①列车服务可靠度:全部列车总行车里程与发生5min以上延误次数之比不应低于8万列公里/次;

②列车退出正线运营故障率:不应高于0.4次/万列公里;

③车辆系统故障率:因车辆故障造成2min以上晚点事件次数应低于4次/万列公里;

④信号系统故障率:不应高于0.8次/万列公里;

⑤供电系统故障率:不应高于0.16次/万列公里;

⑥屏蔽门故障率:不应高于0.8次/万次;

⑦自动扶梯可靠度:应大于或等于98.5%;

⑧电梯可靠度:应大于或等于99%;

⑨售票机可靠度应大于或等于98%;

⑩储值卡充值机可靠度应大于或等于98%;

⑪检票闸机可靠度应大于或等于99%。

可靠度:也叫可靠性,指的是产品在规定的时间内、在规定的条件下,完成预定功能的能力,它包括结构的安全性、适用性和耐久性,当以概率来度量时,称可靠度。

(2)《城市轨道交通客运服务》(GB/T 22486—2008)第6.9条要求:

①售票机可靠度应大于或等于98%;

②储值卡充值机可靠度应大于或等于98%;

③进出站闸机可靠度应大于或等于99%;

④自动扶梯可靠度应大于或等于98.5%;

⑤垂直电梯可靠度应大于等于99%;

⑥车站乘客信息系统可靠度应大于或等于98%;

⑦列车乘客信息系统可靠度应大于或等于98%;

⑧列车服务可靠度应大于50万车公里。

(3)另外,在《城市轨道交通试运营基本条件》(GB 30013—2013)第4.5.3中对试运营设施的可靠度和故障率做出了要求,并列出了相应的计算方法。

(4)城市轨道交通安全控制指标除了以上部门之外,还要根据国家要求、行业主管及当地要求,控制安全生产事故起数、控制人员伤亡事故和财产损失,将安全事故率降低到最低。

三、安全生产方针与目标的管理

❶ 一般管理要求

(1)城市轨道交通企业按照要求设置安全生产管理机构,同时要求保证安全生产条件所必需的资金投入。

(2)城市轨道交通运营企业要配备专职的安全生产管理人员,并可根据需要配置兼职的安全生产管理人员。

(3)城市轨道交通运营企业要建立健全安全生产责任制,实行安全生产目标分级管理,逐级落实安全生产目标责任,并加强监督考核。

(4)城市轨道交通运营企业应加强从业人员劳动保护,做好防尘、防毒、防辐射、防噪声、防寒保暖和防暑降温工作,改善从业人员劳动条件。

(5)城市轨道交通工程投入试运营前,应通过试运营基本条件评审。按照《城市轨道交通安全预评价细则》(AQ 8004—2007)的相关要求进行评审。

❷ 安全管理制度

(1)城市轨道交通运营单位要制定安全生产管理制度,使安全生产工作制度化、规范化、标准化。

(2)城市轨道交通运营单位应实行安全事故责任追究制度,

严格事故调查处理。

(3)城市轨道交通运营单位应建立突发事件逐级报告制度，并及时报告发生的突发事件。

(4)城市轨道交通运营单位应根据运营工作中发现的问题，及时对各类操作规程、制度进行复查、修订。

(5)城市轨道交通运营单位每3年至5年对各类操作规程、制度进行一次全面复查、修订。

(6)城市轨道交通运营单位应严格限制可燃物品的使用，并制定可燃物品安全使用管理规定。

❸ 安全隐患管理

(1)城市轨道交通运营单位要针对本企业的人员、设施设备、环境和管理等运营安全的风险因素，建立重大安全隐患台账，制定安全隐患管理制度。

(2)城市轨道交通运营单位在日常工作中，从业人员发现事故隐患或其他不安全因素，应及时报告。

(3)城市轨道交通运营单位应定期跟踪安全隐患整改情况，对重大安全隐患源整改情况进行督办，及时跟进落实。

(4)城市轨道交通运营单位应定期开展安全评价工作，涉及运营安全的关键因素，应分类分级进行评价。

❹ 安全教育管理

(1)城市轨道交通运营单位要建立健全安全教育培训制度，认真组织开展安全教育培训工作。

(2)城市轨道交通运营单位应制定年度安全教育培训计划，合理安排培训事项，认真组织实施。

(3)城市轨道交通运营单位应对从业人员进行安全教育培训，未经培训或考核不合格的人员，不应上岗作业。

(4)当采用新工艺、新技术、新材料、新设备时，运营单位应对相关岗位人员进行专门的安全生产知识和操作技能的培训。

(5)城市轨道交通运营单位应及时组织开展典型事故案例分析,宜将事故案例编制成册,吸取事故经验教训,强化安全教育,落实防范措施。

(6)运营单位应建立安全生产教育培训档案,对各类形式的安全教育培训情况做好记录。

(7)运营单位应采取多种形式,向社会公众宣传安全知识,提高公众的安全意识。

❺ 安全检查管理

(1)城市轨道交通运营单位应组织开展定期和不定期的安全检查。

(2)安全检查宜采用日常安全检查、定期安全检查、季节性安全检查、节前安全检查和重大活动前安全检查等形式。

(3)城市轨道交通运营单位对安全检查中发现的各类安全问题,应制定整改措施,及时整改完成。

(4)城市轨道交通运营单位应加强城市轨道交通保护区的安全检查,做好保护区日常巡查及设施设备保护工作。

(5)严禁携带危险化学品和管制刀具乘车。

❻ 应急管理

(1)城市轨道交通运营单位应建立专、兼职应急抢险队伍,配备应急所需要的专业器材、设备,并进行经常性维护保养,保证设备完好。

(2)城市轨道交通运营单位应编制突发事件应急预案,应急预案编制应科学合理、内容完备、针对性和操作性强,并定期进行演练。

(3)城市轨道交通运营单位制定应急预案要遵循统一指挥、逐级负责、快速处理、配合协同原则。

(4)发生运营安全事故后,运营单位应按规定立即启动相应的应急预案,采取相应的抢险措施,防止事态扩大,在确保安全的前提下尽快恢复正常运营,并按规定及时报告。

(5)运营单位宜设立统一的应急指挥中心,承担各类突发事件的指挥协调处置工作,或由运营单位控制中心承担应急指挥工作。

(6)运营单位应根据有关法律法规和标准规范的变动情况、安全生产条件的变动情况,以及应急预案演练和应用过程中发现的问题,及时修订完善应急预案。

❼ 运营管理

(1)运营管理机构的设置,应结合地铁网络运营管理功能要求,满足线路运营管理任务的需要,并应通过科学的管理方式、合理的人员安排和组织机构设置,实现系统的安全、高效、节能运营。

(2)地铁设备、设施的标识系统应根据现场设备、设施的维护维修、物资管理的需要建立,地铁运营管理系统应满足对设备设施运营状态、维修状态的监控与管理。

(3)首条地铁运营线路的系统运营人员定员不宜超过80人/km,后建的每条线路运营定员指标不大于60人/km。

(4)运营管理模式应根据运营状态确定,运营状态应包括正常运营状态、非正常运营状态和紧急运营状态。运营机构应对不同的运营状态制定相应的管理规程和规章制度,并应包括工作流程和岗位责任。

总之,城市轨道交通经营企业要通过经济手段、行政手段、安全思想教育、法律手段、利用综合管理体系管理手段及各种手段的综合运用来实现对本企业的安全生产目标方针管理,实现公司制定的安全目标。

第二节　城市轨道交通安全基础知识

一、城市轨道交通体系构成

城市轨道交通是属于集多专业、多工种于一身的复杂系统，通常由轨道路线、车站、车辆、维护检修基地、供变电、通信信号、指挥控制中心等组成。城市轨道交通的运输组织、功能实现、安全保证均应遵循轨道交通的客观规律。在运输组织上要实行集中调度、统一指挥、按运行图组织行车。在功能实现方面，各有关专业如线路、车站、隧道、车辆、供电、通信、信号、机电设备及消防系统均应保证状态良好、运行正常。在安全保证方面，主要依靠行车组织和设备正常运行，来保证必要的行车间隔和正确的行车线路。

为了保证列车运行安全、正点，在集中调度、统一指挥的原则下，行车组织、设备、车辆检修、设备运行管理、安全保证等均由一系列规章制度来规范。列车运行是一个多专业、多工种配合工作，围绕安全行车这一中心而组成的有序联动、时效性极强的系统。

轨道交通系统中，采用了以电子计算机处理技术为核心的各种自动化设备，从而代替人工的、机械的、电气的行车组织、设备运行和安全保证系统。如ATC（列车自动控制）系统可以实现列车自动驾驶、自动跟踪、自动调度；SCADA（供电系统管理自动化）系统可以实现主变电所、牵引变电所、降压变电所设备系统的遥控、遥信、遥测和遥调；BAS（环境监控系统）和FAS（火灾报警系统）可以实现车站环境控制的自动化和消防、报警系统的自动化；AFC（自动售检票系统）可以实现自动售票、检票、分类等功能。

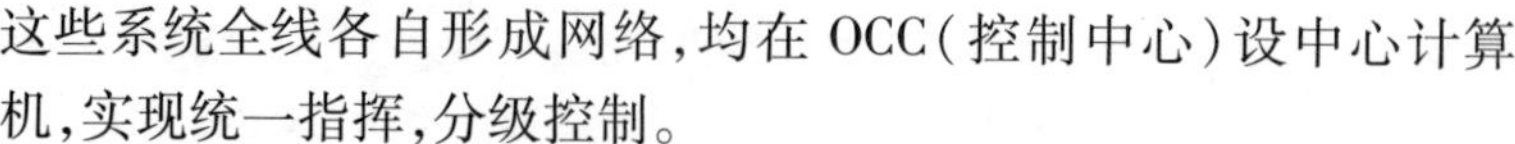

这些系统全线各自形成网络，均在 OCC（控制中心）设中心计算机，实现统一指挥，分级控制。

二、主要类型

城市轨道交通种类繁多，技术指标差异较大，世界各国评价标准不一，并无严格的分类。由于城市轨道交通在世界范围内发展较快，国家、地区、城市的不同，服务对象的不同等，使城市轨道交通发展成为多种类型。目前尚无十分统一的分类标准，不同的分类方法，可以分出不同的结果。

若按容量（运送能力），可分为高容量、大容量、中容量和小容量。

若按导向方式，可分为轮轨导向和导向轨导向。

若按线路架设方式，可分为地下、高架和地面。

若按线路隔离程度，可分为全隔离、半隔离和不隔离。

若按轨道材料，可分为钢轮钢轨系统和橡胶轮混凝土轨道梁系统。

若按牵引方式，可分为旋转式直流、交流电机牵引和直线电机牵引。

若按运营组织方式，可分为传统城市轨道交通、区域快速轨道交通和城市（市郊）铁路。

城市轨道交通按运能范围、车辆类型及主要技术特征可分为有轨电车、地下铁道、轻轨道交通、市郊铁路、单轨道交通、新交通系统、磁悬浮交通七类。现分述如下：

❶ 有轨电车

有轨电车（Tram 或 Streetcar）是使用电车牵引、轻轨导向、1 ~ 3 辆编组运行在城市路面线路上的低运量轨道交通系统，如图 3-1

所示。

有轨电车是最早发展的城市轨道交通之一,一般设在城市中心穿街走巷运行,具有上下车方便的特点。

图 3-1　有轨电车

有轨电车起源于城市公共马车,为了多载客,人们把马车放在铁轨上。随着电动机的发明和牵引电力网的出现,世界上第一条有轨电车线于 1888 年 5 月在美国弗吉尼亚州里士满市开通。到 20 世纪 20 年代,美国的有轨电车总长达 2.5 万 km。到 20 世纪 30 年代,欧洲、日本、印度和我国的有轨电车有了很大发展。1906 年,我国第一条有轨电车线在天津北大关至老龙头火车站(今天津站)建成通车,随后上海、北京、抚顺、大连、长春、鞍山等城市相继修建了有轨电车或电铁客车,在当时的城市公共交通中发挥了重要作用。

旧式的有轨电车单向运输能力一般在 1 万人次/h 以下,通常采用地面路线,与其他车辆混合运行,运行速度一般为 10 ~ 20km/h。旧式有轨电车由于运能、挤占道路、噪声等问题,在 20 世纪 50 ~ 60 年代世界上各大城市纷纷拆除有轨电车线路,改建运量大的地铁或轻轨道交通。我国的有轨电车在 20 世纪 50 年代末已拆得所剩无几,仅大连、长春两城市保留。大连还对有轨电车进行了改造，使其成为城市的一张名片。

旧式的有轨电车已停止了发展，基本上完成了它的历史使命。经改造后的现代有轨电车与性能较差的轻轨道交通已很接近，只是车辆尺寸稍小一些，运营速度接近 20km/h，单向运能可达 2 万人次/h。

❷ 地下铁道

地下铁道简称地铁（Metro，Underground Railway、Subway 或 Tube），是城市快速轨道交通的先驱。地铁是由电力牵引、轮轨导向、轴重相对较重、具有一定规模运量、按运行图行车、车辆编组运行在地下隧道内，或根据城市的具体条件，运行在地面或高架线路上的快速轨道交通系统。地铁的运能，单向为 3 万人次/h，最高可达 6 万 ~8 万人次/h。最高速度可达 90km/h，旅行速度可达 40km/h 以上，可 4 ~ 10 辆编组，车辆运行最小间隔可低于 1.5min。驱动方式有直流电机、交流电机、直线电机等。地铁造价昂贵，每公里投资在 3 亿 ~6 亿元人民币。地铁有建设成本高，建设周期长的弊端，但同时又具有运量大、建设快、安全、准时、节省能源、不污染环境、节省城市用地的优点。地铁适用于出行距离较长、客运量需求大的城市中心区域。一般认为，人口超过百万的大城市就应该考虑修建地铁，如图 3-2 所示。

地铁由于大部分线路在地下或高架通行，因此技术水平要求较高，可靠性和安全性要求也高。地铁系统与国家干线铁路一样，主要由线网、轨道、车站、车辆、通信信号等设备构成，要求各部门能够有机结合、协同动作，最大限度地完成输送任务。

❸ 轻轨道交通

轻轨交通简称轻轨（Light Rail Transit，LRT）是在有轨电车的基础上改造发展起来的城市轨道交通系统。轻轨是反映在轨道上的荷载相对于铁路和地铁的荷载较轻的一种交通系统。轻轨是个比较广泛的概念，公共交通国际联会（UITP）关于轻轨运营系统的解释文件中提到：轻轨是一种使用电力牵引、介于标准有轨电车和快运交通系统（包括地铁和城市铁路），用于城市旅客运输的轨道交通系统，如图 3-3 所示。

图 3-2　地铁

图 3-3　轻轨

轻轨原来的定义是指采用轻型轨道的城市交通系统。当初使用的是轻型钢轨，现在轻轨已采用与地铁相同质量的钢轨。所以，目前国内外都以客运量或车辆轴重的大小来区分地铁和轻轨（古老定义）。在我国《城市轨道交通工程项目建设标准》（试行本)中,把每小时单向客流量为0.6万~3万人次的轨道交通定义为中运量轨道交通,即轻轨(现代定义)。

轻轨一般采用地面和高架相结合的方法建设,路线可以从市区通往近郊。列车编组采用3~6辆,铰接式车体。由于轻轨采用了线路隔离、自动化信号、调度指挥系统和高新技术车辆等措施,最高速度可达60km/h,克服了有轨电车运能低、噪声大等问题。

由于轻轨具有投资少(每公里造价在0.6亿~1.8亿元人民币)、建设周期短、运能高、灵活等优点,因此发展很快。目前,无论是发达国家,还是发展中国家,轻轨建设方兴未艾。各国纷纷根据自己的国情,制定相应的轻轨发展战略和模式。纵观各国情况,大致有以下三类发展模式:一是改造旧式有轨电车为现代化的轻轨。这种模式以德国、苏联及东欧各国为典型代表。二是利用废弃铁路线路改建成轻轨路线。这种方式以美国圣迭戈轻轨为代表,欧洲也有类似的情况,如瑞典的哥德堡、德国的卡尔·马克思州也都采用这一方式。我国上海5号线、武汉轨道交通1号线一期工程也属于这种方式。三是建设轻轨新线路的方式。对有些城市而言,修建轻轨比修建地铁更经济实惠,因此,诸如马尼拉、鹿特丹、中国香港等城市都相继新修了轻轨线路。

经过100多年的发展,轻轨已形成3种主要类型:钢轮钢轨系统、线性电机牵引系统和橡胶轮轻轨系统。

(1)钢轮钢轨系统即新型有轨电车,是应用地铁先进技术对老式有轨电车进行改造的成果。

(2)线性电机牵引系统(Linear Motor Car)是由线性电机牵引、轮轨导向、车辆编组运行在小断面隧道及地面和高架专用线路上的中运量轨道交通系统。20世纪80年代,加拿大成功地开发了线性电机驱动的新型轨道交通车辆。它采用线性电机牵引、径向转向架和自动控制等高新技术,综合造价节约近20%。它与轮轨系统兼容,便于维护救援,具有较大的爬坡能力。线性电机技术在加拿大、日本、美国都取得了较大的成功,由此研制的线性电机列车也投入了使用。线性电机列车在我国的广州和北京也有应用。由于线性电机列车具有车身矮、重量轻、噪声低、通过小半径曲线和爬坡能力强等优点,可以轻便地钻入地下、爬上高架,是地下与高架接轨的理想车型。以线性电机作为动力,其意义还在于它引起了轨道车辆牵引动力的变革。

(3)橡胶轮轻轨系统采用全高架运行,不占用地面道路,具有振动小、噪声低、爬坡能力强、转弯半径小、投资较少等优点。

❹ 市郊铁路

所谓市郊铁路,指的是建在城市内部或内外接合部,线路设施与干线铁路基本相同,服务对象以城市公共交通客流,即短途、通勤旅客为主,如图 3-4 所示。

图 3-4　市郊铁路

城市铁路通常分成城市快速铁路和市郊铁路两部分。城市快速铁路是指运营在城市中心,包括近郊城市化地区的轨道系统,其线路采用电气化,与地面交通大多采用立体交叉。市郊铁路是指建在城市郊区,把市区与郊区,尤其是与远郊联系起来的铁路。市郊铁路一般和干线铁路设有联络线，设备与干线铁路相同，线路大多建在地面，部分建在地下或高架。其运行特点接近于干线铁路，只是服务对象不同。

市郊铁路是城市铁路的主要形式。市郊铁路是伴随着城市规模的扩大、卫星城的建设而发展起来的，通常使用电力牵引和内燃牵引，列车编组多在4～10辆，最高速度可达100～120km/h。市郊铁路运能与地铁相同，但由于站距较地铁长，运行速度超过地铁，可达80km/h以上。

❺ 单轨道交通

单轨道（简称单轨）也称作独轨（Monorail），是指通过单一轨道梁支撑车厢并提供导引作用而运行的轨道交通系统，其最大特点是车体比承载轨道要宽。以支撑方式的不同，单轨通常分为跨座式（图3-5）和悬挂式（图3-6）两种：跨座式是车辆跨座在轨道梁上行驶；悬挂式是车辆悬挂在轨道梁下方行驶。

图3-5　跨座式单轨

单轨是采用一条大断面轨道并全部为高架线路的轨道交通。跨座式轨道由预应力混凝土制作，车辆运行时走行轮在轨道上平面滚动,导向轮在轨道侧面滚动导向。悬挂式轨道大多由箱形断面钢梁制作,车辆运行时走行轮沿轨道走形面滚动,导向轮沿轨道导向面滚动导向。

图 3-6　悬挂式单轨

单轨的车辆采用橡胶轮、电气牵引,最高速度可达 80km/h,旅行速度 30 ~ 35km/h,列车可 4 ~ 6 辆编组,单向运送能力为(1 ~2.5)万人次/h。

单轨道交通历史悠久,早在 1821 年英国人 P. H. Dalmer 就开发了单轨铁路,并因此获得发明专利。1888 年,法国人在爱尔兰铺设了约 15km 的跨座式单轨铁路,采用蒸汽机车牵引,从此有动力的单轨走向实用化阶段,但因为车厢摇摆、噪声大等原因,1942 年这条线路停止运营。1893 年,德国人 Langen 发明了悬挂式单轨车辆,1901 年在伍珀塔尔开始运营,线路长 13.3km,其中 10km 跨河架设,成为利用街道上空建设单轨铁路的先驱。这条线路至今仍在使用,成为该市的一个历史景观。

随着科学技术的进步,单轨技术日臻成熟,轨道、车辆和通信信号都有了很大发展,再加上单轨可以利用道路和河流的上方空间,单轨技术受到一定的重视。特别是 1958 年研制出跨座式、混

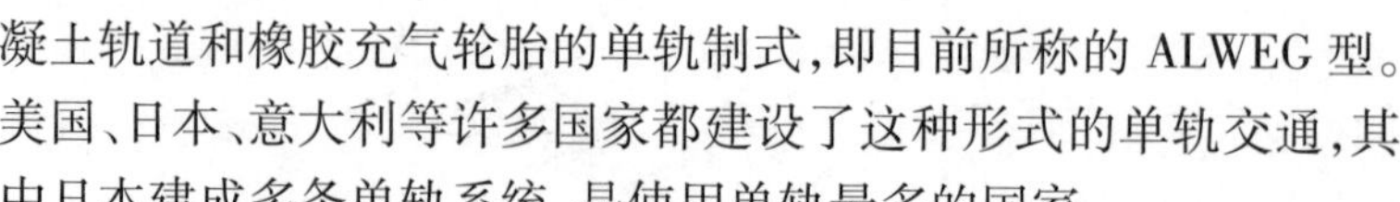

凝土轨道和橡胶充气轮胎的单轨制式，即目前所称的 ALWEG 型。美国、日本、意大利等许多国家都建设了这种形式的单轨交通，其中日本建成多条单轨系统，是使用单轨最多的国家。

我国首条跨座式单轨线路是在有“山城”之称的重庆修建的。重庆轨道交通 2 号线（较新线）一期工程于 2004 年建成，全线于 2006 年开通，单轨客车技术从日本引进，经中国北车集团长春轨道客车股份有限公司的技术人员消化、吸收、再创新，终于在长客制造成功。跨座式单轨交通十分适合重庆市道路坡陡、弯急、路窄的地形特点，同时由于结构轻巧、简洁、易融于山城景色，取得了较好的景观效果。

与轮轨相比，单轨有很多突出的优点。由于单轨客车的走行轮采用特制的橡胶车轮，所以振动和噪声大为降低；两侧装有导向轮和稳定轮，控制列车转弯，运行稳定可靠。高架单轨因轨道梁仅有 85cm 宽，不需要很大空间，可适应复杂地形的要求，同时对日照和城市景观影响小。单轨交通占地少、造价低、建设工期短，它的工程建筑费用仅为地铁的 1/3。

当然，单轨也存在橡胶轮与轨道梁摩擦产生橡胶粉尘的现象，对环境有轻度污染，列车运行发生事故时救援比较困难。

❻ 新交通系统

新交通系统（Automated Guideway Transit，AGT）是一个模糊的概念，不同国家和城市对此都有不同的理解，目前还没有统一和严格的定义。广义上认为，AGT 是那些所有现代化新型公共交通方式的总称。狭义上新交通系统则定义为：由电气牵引，具有特殊导向、操作和转向方式的胶轮车辆，单车或数辆编组运行在专用轨道梁上的中小运量轨道运输系统，如图 3-7 所示。

在新交通系统中车辆在线路上可无人驾驶自动运行，车站无人管理，完全由中央控制室的计算机集中控制，自动化水平高。

新交通系统与单轨交通有许多相同之处，最大的区别在于该系统除有走行轨外，还设有导向轨，故新交通系统也称为自动导轨道交通。新交通系统的导向系统可分为中央导向方式和侧面导向方式，每种方式又可分为单用型和两用型。所谓单用型是指车辆只能在导轨上运行，两用型则指车辆既可在导轨上运行，又可以在一般道路上行驶。

图 3-7　新交通系统

新交通系统最早出现在美国，当初多为一种穿梭式往返运输乘客的短距离交通工具，曾被称为“水平电梯”或称为“空中巴士”“快速交通”。在逐渐发展成一种城市客运交通工具后，一般称为“客运系统”(People Mover System)。后来日本和法国又做了进一步的技术改造和发展，并使其成为城市中的一种中运量客运交通系统。日本称之为新交通系统(意指含有高度自动化新技术的交通系统)，以区别于其他各种交通运输工具。法国称为 VAL 系统，名称来源于轻型自动化车辆(Vehicle Automatique Leger)的法文的首字母，也有一种说法 VAL 一词的来历是线路起始地名字头缩写而得名。

新交通系统自1963年美国西尼电气公司研发面世后，在世界许多地方被逐渐推广采用，尤其是日本和法国，无论是技术还是规模都处于领先的地位。目前，世界各地已有几十条规模不等、用途不同、具体构造也有所不同的新交通系统线路。日本有10条线路，日本将高架单轨和新交通系统看作现代化的象征，故从1976年起作出规定，新交通系统可使用国家的财政资助，因而促进了新交通系统的发展。

目前，我国内地的新交通系统正处在起步阶段，天津市于2007年在滨海新区开通了全长7.6km的亚洲首条胶轮导轨线路，北京市于2008年奥运会前开通了服务于首都机场T3航站楼的新交通系统，上海市也于2009年开通了胶轮导轨电车。我国的台北市于1994年建成、1996年3月投入运营的木栅线（中山中学至木栅动物园），线路全长10.8km，其中高架线10km、地下线0.8km，采用VAL制式，属中运量新交通系统。我国香港20世纪90年代后期建设的新机场，从登机厅到机场主楼，为接运旅客也建成了一条长约1km采用VAL制式的新交通系统。

城市轨道交通经过较长时间的发展，不同运量等级的线路，有不同形式的交通系统适应，在同一等级线路上，有多种可供选择的交通形式。

❼ 磁悬浮交通

磁悬浮交通（Magnific Levitation for Transportation）是一种非轮轨黏着传动，悬浮于地面的交通运输系统。磁悬浮列车是利用常导磁铁或超导磁铁产生的吸力或斥力使车辆浮起，用以上的复合技术产生导向力，用直线电机产生牵引动力，使其成为高速、安全、舒适、节能、环保、维护简单、占地少的新一代交通运输工具，如图3-8所示。

图3-8　磁悬浮交通

三、城市轨道交通在城市发展中的作用

(1)城市轨道交通是城市公共交通的主干线,客流运送的大动脉,是城市的生命线工程。建成运营后,将直接关系到城市居民的出行、工作、购物和生活。

(2)城市轨道交通是世界公认的低能耗、少污染的“绿色交通”,是解决“城市病”的一把金钥匙,对于实现城市的可持续发展具有非常重要的意义。

(3)城市轨道交通是城市建设史上最大的公益性基础设施,对城市的全局和发展模式将产生深远的影响。为了建设生态城市,应把摊大饼式的城市发展模式改变为伸开的手掌状模式,而手掌状城市发展的骨架就是城市轨道交通。城市轨道交通的建设可以带动城市沿轨道交通廓道的发展,促进城市繁荣,形成郊区卫星城和多个副中心,从而缓解城市中心人口密集、住房紧张、绿化面积小、空气污染严重等城市通病。

(4)城市轨道交通的建设与发展有利于提高市民出行的效率、节省时间、改善生活质量。国际知名的大都市由于轨道交通

十分发达方便，人们出行很少乘私人车辆，主要依靠地铁、轻轨等轨道交通，故城市交通秩序井然，市民出行方便、省时。

四、城市轨道交通的技术特性

❶ 城市轨道交通有较大的运输能力

城市轨道交通由于高密度运转，列车行车时间间隔短，行车速度快，列车编组辆数多而具有较大的运输能力。单向高峰每小时的运输能力最大可达到6万~8万人次（市郊铁路）；地铁达到3万~6万人次，甚至达到8万人次；轻轨1万~3万人次，有轨电车能达到1万人次，城市轨道交通的运输能力远远超过公共汽车。据文献统计，地铁每公里线路年客运量可达100万人次以上，最高达到1200万人次，如莫斯科地铁、东京地铁、北京地铁等。城市轨道交通能在短时间内输送较大的客流。据统计，地铁在早高峰时1h能通过全日客流的17%~20%、3h能通过全日客流的31%。

❷ 城市轨道交通具有较高的准时性

城市轨道交通由于在专用行车道上运行，不受其他交通工具干扰，不产生线路堵塞现象并且不受气候影响，是全天候的交通工具，列车能按运行图运行，具有可信赖的准时性。

❸ 城市轨道交通具有较高的速达性

与常规公共交通相比，城市轨道交通由于运行在专用行车道上，不受其他交通工具干扰，车辆有较高的运行速度，有较高的起动、制动加速度，多数采用高站台，列车停站时间短，上下车迅速方便，而且换乘方便，从而可以使乘客较快地到达目的地，缩短了出行时间。

❹ 城市轨道交通具有较高的舒适性

与常规公共交通相比，城市轨道交通由于运行在不受其他交通工具干扰的线路上，因此城市轨道车辆具有较好的运行特性，车辆、车站等装有空调、引导装置、自动售票等直接为乘客服务的设备，城市轨道交通具有较好的乘车条件，其舒适性优于公共电车、公共汽车。

❺ 城市轨道交通具有较高的安全性

城市轨道交通由于运行在专用轨道上，没有平交道口，不受其他交通工具干扰，并且有先进的通信信号设备，因此极少发生交通事故。

❻ 城市轨道交通能充分利用地下和地上空间

大城市地面拥挤、土地费用昂贵。城市轨道交通由于充分利用了地下和地上的空间，不占用地面街道，因此能有效缓解由于汽车大量发展而造成道路拥挤、堵塞，有利于城市空间合理利用，特别有利于缓解大城市中心区过于拥挤的状态，提高了土地利用价值，并能改善城市景观。

❼ 城市轨道交通的系统运营费用较低

城市轨道交通由于主要采用电气牵引，而且轮轨摩擦阻力较小，与公共电车、公共汽车相比，节省能源，运营费用较低。

❽ 城市轨道交通对环境污染小

城市轨道交通采用电气牵引，与公共汽车相比不产生废气污染。由于城市轨道交通的发展，还能减少公共汽车的数量，因而进一步减少了汽车的废气污染。线路和车辆上采用了各种降噪措施，一般不会对城市环境产生严重的噪声污染。

五、城市轨道安全性

❶ 安全

安全是指不受威胁，没有危险、危害、损失，人类的整体与生存环境资源的和谐相处，互相不伤害，不存在危险、危害的隐患，是免除了不可接受的损害风险的状态。安全是在人类生产过程中，将系统的运行状态对人类的生命、财产、环境可能产生的损害控制在人类能接受水平以下的状态。安全的主要特点如下：

(1)安全不是瞬间的结果，而是对于某种过程状态的描述。

(2)安全是相对的，绝对安全是不存在的。

(3)构成安全问题的矛盾双方是安全与危险，而非安全与事故。因此，衡量一个生产系统是否安全，不应仅仅依靠事故指标。

(4)不同的时代、不同的生产领域，可接受的损失水平是不同的，因而衡量系统 是否安全的标准也是不同的。

❷ 本质安全

本质安全是指设备、设施或技术工艺含有内在的、能够从根本上防止发生事故的功能。具体包括两方面的内容：

(1)失误—安全功能。这是指操作者即使操作失误，也不会发生事故或伤害，或者说设备、设施和技术工艺本身具有自动防止人的不安全行为的功能。

(2)故障—安全功能。这是指设备、设施或技术工艺发生故障或损坏时，还能暂时维持正常工作或自动转变为安全状态。

上述两种安全功能是设备、设施和技术工艺本身固有的，即在规划设计阶段就被纳入其中，而不是事后补偿的。

本质安全是安全生产管理预防为主的根本体现，也是安全生产管理的最高境界。实际上，由于技术、资金和人们对事故的认识等原因，目前还很难达到本质安全，只能作为我们的奋斗目标。

❸ 危险

作为安全的对立面，将危险定义为：在生产活动过程中，人或物遭受损失的可能性超出了可接受范围的一种状态。

危险是指系统中存在导致发生不期望后果可能性超过了人们的承受程度。危险是人们对事物的具体认识，必须指明具体对象，如危险环境、危险条件、危险状态、危险物质、危险场所、危险人员、危险因素等。

一般用危险度来表示危险的程度。在安全生产管理中，危险度用生产系统中事故发生的可能性与严重性表示：

$$R = f(F, C)$$

式中：R——危险度；

F——发生事故的可能性；

C——发生事故的严重性。

❹ 事故

事故是指在生产活动过程中，由于人们受到科学知识和技术力量的限制，或者由于认识上的局限，当前还不能防止，或能防止而未有效控制所发生的违背人们意愿的事件序列。事故的主要特点如下：

(1)事故是违背人们意愿的一种现象。

(2)事故是不确定事件，其发生形式既受必然性的支配，也受偶然性的影响。

(3)事故发生的原因有3类：

①尚未认识到的原因。

②已认识但不可控制的原因。

③已认识，但非有效控制的原因。

(4)事故一旦发生，往往造成人、物的损失。

5 安全生产

安全生产是指在为了生产过程在符合物质条件和工作秩序下进行的,防止发生人身伤亡、财产损失和环境破坏等生产事故,消除或控制危险、有害因素,保障人身安全与健康、设备和设施免受损坏、环境免遭破坏的总称。

安全生产五要素是指安全文化、安全法制、安全责任、安全科技和安全投入,见图3-9。

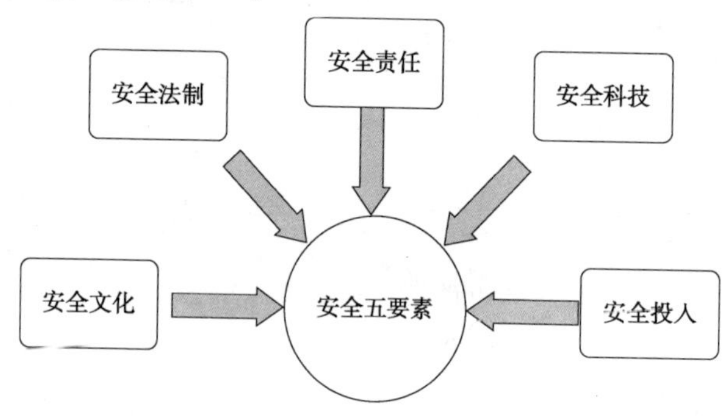

图3-9 安全五要素

(1)安全文化,即安全意识,是存在于人们头脑中,支配人们行为是否安全的思想。

(2)安全法制,是指安全生产法律法规和安全生产执法。主要内容包括:广为宣传《安全生产法》,要健全《安全生产法》的配套法规和安全指标。

(3)安全责任,主要是加强安全生产责任心,企业是安全生产管理的责任主体,企业法人代表、企业的一把手是安全生产的第一责任人。

(4)安全科技,是指安全生产科学技术。

(5)安全投入,是指保证安全生产所必需的经费。建立企业、地方、国家多渠道的安全投资机制。

安全生产五要素既相对独立，又是一个有机统一体。安全文化是安全生产的根本，安全文化最基本的内涵就是人的安全意识；安全法制是保障安全生产最有力的武器；安全责任心是安全生产的灵魂；安全科技是实现安全生产的手段；安全投入是安全生产的基本保障。安全也是生产力。

❻ 劳动保护

从字面上理解，劳动保护是指保护劳动者在生产过程中的安全与健康。劳动保护的对象是从事生产的劳动者。更广泛的说，劳动保护是依靠科学技术和管理，采取技术措施和管理措施，消除过程生产过程中危及人身安全和健康的不良环境、不安全设备和设施、不安全环境、不安全场所和不安全行为，防止伤亡事故和职业危害，保障劳动者在生产过程中的安全与健康的总称。

❼ 职业安全卫生

职业安全卫生是安全生产、劳动保护和职业卫生的统称，是以保障劳动者在劳动过程中的安全和健康为目的的工作领域，以及在法律法规、技术、设备与设施、组织制度、管理机制、宣传教育等方面的所有措施、活动和事物。

六、城市轨道交通安全

城市轨道交通的安全一般可以分为两类，即运营安全和公共安全。进站安全检查，如图 3-10 所示。

❶ 城市轨道交通的运营安全

(1)对于城市轨道交通系统，运营安全性指在整个系统运营过程中，保障乘客和员工不受伤害以及设备不遭破坏的能力。其中包括两个方面：即不发生意外的安全和免遭破坏的安全，对应的事故分别为意外发生的事故和故意造成的事故。

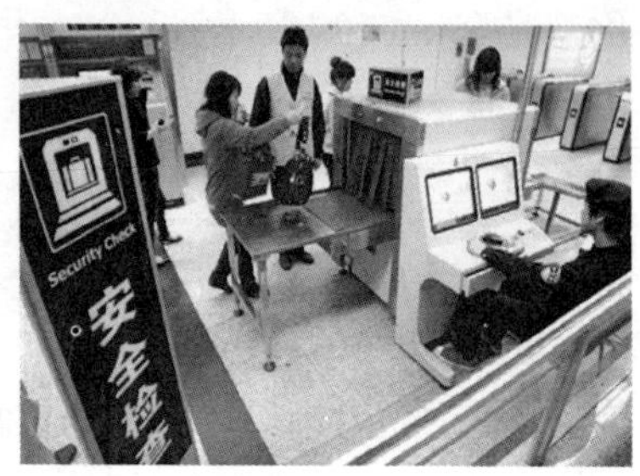

图 3-10　进站安全检查

(2)运营可靠性指在系统运营过程中,保障乘客准时到达目的地的能力。其中包括两个方面:运输容量能力和列车按计划正点运行能力。

❷ 城市轨道交通的公共安全

1)社会的公共安全

社会的公共安全问题涉及自然灾害、安全生产事故、战争冲突、恐怖活动、暴力袭击、有害生物侵害、瘟疫等危害不特定人身、健康、财务安全的事件,其涉及范围非常广泛。

2)城市轨道交通的公共安全

构成对城市轨道交通公共安全的主要威胁有:

(1)地铁火灾。

(2)大量客流拥堵,当前城市轨道交通系统中最为常见的安全问题之一。

(3)阻碍运营事件。

(4)恐怖暴力袭击。

(5)有毒、有害的生物或气体的侵害。

(6)自然灾害和其他意外因素的侵害。

七、城市轨道消防安全

❶ 一般规定

(1)运营单位应根据当地实际情况和轨道交通的设施状况、人员特点等制定相应的火源控制管理规定。

(2)城市轨道交通严格限制可燃物品的使用,并制定可燃物品安全使用的管理规定。

❷ 限制可燃物

(1)车站内应严格控制可燃物材料,车站建筑装修材料和列车车厢内装饰材料的选用应符合相关的设计规范。

(2)车站站厅乘客疏散区、站台及疏散通道内不得设置商业经营场所。

(3)车站站厅内严格按相关消防安全技术规范限制商业经营场所占用面积的比例和数量,并加强消防安全管理。

(4)车站站厅、站台、列车车厢和管理用房内垃圾应及时清理,可燃垃圾堆放时间不应超过一昼夜。

❸ 吸烟管理

(1)车站站厅、站台、列车车厢、管理用房和隧道内严禁吸烟。

(2)在车站站厅、站台、列车车厢、管理用房内应张贴“严禁吸烟”标志。

❹ 明火(动火)管理

车站站厅、站台、列车车厢、管理用房和隧道内严禁使用明火,必须使用明火作业时,应在动火前按程序申报并采取必要的消防监护措施。

❺ 电气火源控制

(1)机电设备设施中的变压器、带油电气设备应定期巡检和维护。

(2)各级配电设备应安装完善的过负荷、漏电、欠压、过压等保护电路和报警装置,各类电气设备应加装防止打火、短路的装置。

(3)定期对运行车辆上的电气设备、电气线路进行检查维修,及时清除列车运行线路上的导电体,防止受流器、电缆电线短路放弧引起列车火灾。

❻ 易燃易爆化学危险品控制

(1)车站入口处应张贴有劝阻乘客携带易燃易爆化学品进入车站内或乘坐列车的警告标志,工作人员对发现有携带易燃易爆化学品的乘客,应责令其出站。

(2)工作人员因工作需要携带时,应按程序申报并采取必要的消防监护措施,易燃易爆化学品的携带、使用和剩余用量应采取严格的等级制度。

(3)工作人员因工作需要携带的易燃易爆化学品应与乘客分开进出车站和乘坐专用列车。

(4)对于车站内无主或无人认领的包裹、行李应立即转移至远离乘客的安全区域。

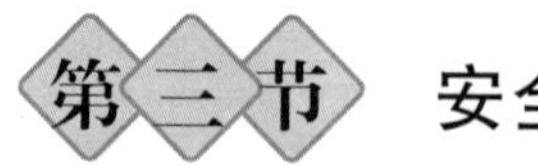

第三节 安全管理机构和人员

一、安全管理机构设置的依据

(1)《中华人民共和国安全生产法》第二十一条:矿山、金属冶炼、建筑施工、道路运输单位和危险物品的生产、经营、储存单位,应当设置安全生产管理机构或者配备专职安全生产管理人员。

前款规定以外的其他生产经营单位,从业人员超过一百人的,应当设置安全生产管理机构或者配备专职安全生产管理人员;从业人员在一百人以下的,应当配备专职或者兼职的安全生产管理人员。

(2)《城市轨道交通运营管理办法》(中华人民共和国建设部令第140号)第十五条:城市轨道交通运营单位应当依法承担城市轨道交通运营安全责任,设置安全生产管理机构,配备专职安全生产管理人员,保证安全生产条件所必需的资金投入。

(3)《城市轨道交通运营管理规范》(GB/T 30012—2013)中第11.2.2条规定:城市轨道交通运营企业要配备专职的安全生产管理人员,并可根据需要配置兼职的安全生产管理人员。

(4)其他相关的法律、法规、标准中对城市轨道交通运营单位的管理人员和管理机构设置的要求。

二、管理人员的分类及职责

(1)城市轨道运营单位的安全管理人员包括:

①安全生产第一负责人。

②分管安全负责人。

③消防安全管理人员。

④特种设备管理人员。

⑤职业健康管理人员。

⑥其他类的安全管理人员。

(2)城市轨道运营单位的管理人员的岗位职责及法律责任,详见第二章第二节。

第四节 安全管理规章制度

企业内部规章制度是法律、法规的延伸和具体化。企业内部规章制度的制定权是法律赋予企业的用人权的重要组成部分。企业内部规章制度作为用人单位加强劳动管理,保障职工依法享有劳动权利和履行劳动义务的行为准则,是企业组织劳动所必需的一项制度,它对于提高企业劳动生产效率、保护职工和企业双方的合法权益、促进企业和谐稳定的劳动关系具有重要的意义。

安全管理制度分为综合安全管理制度、人员安全管理制度、设备设施安全管理制度以及其他安全管理规定等。

一、综合安全管理制度

❶ 安全生产方针、管理目标和指标的制度

本制度包括生产经营单位安全生产具体目标、指标,明确安全生产的管理原则、责任,明确安全生产管理的体质、机制、组织机构、安全生产防范和控制的主要措施,日常安全生产监督管理的重点工作等内容。

❷ 安全生产责任制管理制度

本制度的建立是明确各级领导、各职能部门、管理人员及各生产岗位的安全生产责任、权利和义务等内容,是制度里面的核心内容。

❸ 相关方的安全管理制度

城市公共交通行业应与其相关的机构或人员签订安全生产管理协议书,明确相关方的责任,同时要对相关方的资质进行审

查、对其信用进行评估，在确保符合要求后方可签订协议。明确制定制度的部门和现场安全检查和协调等内容。

❹ 安全生产费用使用管理制度

应明确：主要负责人对安全生产投入负有主要责任，确保安全生产费用的提取比例和使用范围符合有效。根据国家和城市道路旅客运输及企业的安全生产管理特点，同时要在特殊时段、节假日等明确安全费用的使用和监督。

❺ 安全生产监督检查管理制度

规定公司的安全生产管理机构或者安全生产管理人员进行安全检查的要求，包括日常检查、节假日检查、特殊时期检查、专业性检查和专项性检查等，通过检查发现安全隐患，并对检查出的隐患进行统计、原因分析和采取相应的安全管理措施。

❻ 危险化学品安全管理制度

制度要明确在公共交通企业中，相关管理人员要对本企业涉及的危险化学品名称、种类、危险性及使用和管理的程序、安全操作注意事项、存在的条件及日常监督检查，要针对各类危险物品的性质，在相应的区域配置相应的应急救援物资。应明确在乘车时严禁携带危险化学品，同时发现违章携带者，应给予制止。

❼ 消防安全管理制度

应明确：生产经营单位消防安全管理的原则，专兼职消防人员的配置和应急救援的流程，对消防设备设施、救援器材的配置、检查、维修、保养的要求等，并定期检查和消防应急演练。

❽ 重大危险源管理制度

要明确：城市公共交通企业在危险源辨识中，对辨识出来的重大危险源要单独建档，同时要对重大危险源进行检测、评估、监控和建立相应的应急救援预案，同时将重大危险源及评估报告上报人民政府负责安全生产监督管理的部门和有关部门备案。

❾ 隐患排查和治理制度

制度的内容要明确安全生产所排查的设施和生活场所，同时要明确排查周期、排查人员、排查的标准，对排查发现的安全生产隐患整改处置程序、跟踪监督管理等做出要求。

❿ 交通安全管理制度

应明确：相关安全管理人员或者技术人员对车辆的调度、检查、维修、维护、检验等；针对驾驶员的学习培训、考核的相关内容。

⓫ 应急管理制度

本制度要明确公共交通针对安全事故的应急管理，包括编制应急预案、应急预案的审批和备案、应急预案的演练和应急设备的维护，同时对城市公共交通易出现的交通事故、火灾事故等采取相应的应急措施和使用应急设备。

⓬ 工伤保险管理制度

制度要明确工伤的范围、工伤事故的报告处理，以及从业人员发生工伤后的待遇和赔付等内容，明确企业要为从业人员缴纳工伤保险。

⓭ 事故调查处理制度

本制度要明确：在发生安全生产事故时采取的应急措施，将安全生产事故及时上报，同时针对安全生产事故配合行业主管部门进行安全调查。

⓮ 安全生产事故责任倒查制度

本制度要明确在安全生产事故发生后，要成立安全生产事故调查组、针对事故及事故的人员聘用、教育、考核等进行责任倒查，同时对事故原因未查清不放过；事故责任人未受到处理不放过；事故责任人和周围群众没有受到教育不放过；事故指定的切实可行的整改措施未落实不放过。

二、人员安全管理制度

❶ 安全生产教育培训管理制度

制度要明确；生产经营单位主要负责人和安全生产管理人员在上岗前的安全生产教育和每年再教育的内容和学时要求，同时满足对新员工、转岗人员、复岗人员的教育培训要求，对新设备、新材料、新工艺、新方法使用前的培训，对特种作业人员的培训，对从业人员进行安全生产操作规程和应急救援的培训，明确培训的人员、培训的学时和内容以及培训后要进行考核。

❷ 劳动防护用品发放管理制度

城市轨道交通运营企业要根据企业的特点和相关标准的要求，对从业人员购置符合国家标准或者行业标准的劳动防护用品，明确劳动防护用品的种类、适用范围、领用程序、发放部门、使用方法，并监督其正确佩戴等。

❸ 特种作业人员安全管理制度

生产经营单位的特种作业人员管理，要明确其上岗前的教育培训并考核合格持证上岗，同时明确对特种作业人员的年度再教育的规定。明确其在作业前的安全教育、劳动防护用品的配备以及安全事故的处理要求。

❹ 职业健康安全管理制度

本制度要求明确：在城市公共交通中对从业人员进行的职业健康管理要求，明确职业健康检查的范围、检查的周期、职业禁忌等，应该严格按照《职业病防治法》和《职业健康监护技术规范》(GBZ 188)等法律、标准中的要求执行。

❺ 现场作业安全管理制度

施工现场的安全生产管理制度中应明确：现场作业组织管理、服从管理人员的正确指挥、告知从业人员岗位危害并严格按照操作规程作业、佩戴符合有效的劳动防护用品。对于可能涉及的危险作业，要进行审批。

三、设备设施安全管理制度

(1)城市轨道交通运营单位应当按照反恐、消防管理、事故救援等有关规定，在城市轨道交通设施内，设置报警、灭火、逃生、防汛、防爆、防护监视、紧急疏散照明、救援等器材和设备，定期检查、维护，按期更新，并保持完好。

(2)城市轨道交通运营单位负责城市轨道交通设施的管理和维护，定期对土建工程、车辆和运营设备进行维护、检查，及时维修更新，确保其处于安全状态。检查和维修记录应当保存至土建工程、车辆和运营设备的使用期限到期。

(3)城市轨道交通运营单位应当组织对城市轨道交通关键部位和关键设备的长期监测工作，评估城市轨道交通运行对土建工程的影响，定期对城市轨道交通进行安全性评价，并针对薄弱环节制定安全运营对策。

在发生地震、火灾等重大灾害后，城市轨道交通运营单位应当对城市轨道交通进行安全性检查，经检查合格后，方可恢复运营。

四、其他安全保护管理规定

(1)城市轨道交通应当在以下范围设置控制保护区：

①地下车站与隧道周边外侧50m内。

②地面和高架车站以及线路轨道外边线外侧30m内。

③出入口、通风亭、变电站等建筑物、构筑物外边线外侧10m内。

(2)在城市轨道交通控制保护区内进行下列作业的，作业单位应当制定安全防护方案，在征得运营单位同意后，依法办理有关行政许可手续。

①新建、扩建、改建或者拆除建筑物、构筑物。

②敷设管线、挖掘、爆破、地基加固、打井。

③在过江隧道段挖沙、疏浚河道。

④其他大面积增加或减少荷载的活动。

⑤上述作业穿过地铁下方时，安全防护方案还应当经专家审查论证。

运营单位在不停运的情况下对城市轨道交通进行扩建、改建和设施改造的，应当制定安全防护方案，并报城市人民政府城市轨道交通主管部门备案。

(3)在城市轨道交通线路弯道内侧，不得修建妨碍行车瞭望的建筑物、构筑物，不得种植妨碍行车瞭望的树木。

(4)城市轨道交通运营单位应当采取多种形式向乘客宣传安全乘运的知识和要求。

(5)禁止下列危害城市轨道交通设施的行为：

①非紧急状态下动用应急装置。

②损坏车辆、隧道、轨道、路基、车站等设施设备。

③损坏和干扰机电设备、电缆、通信信号系统。

④污损安全、消防、疏散导向、站牌等标志，防护监视等设备。

⑤危害城市轨道交通设施的其他行为。

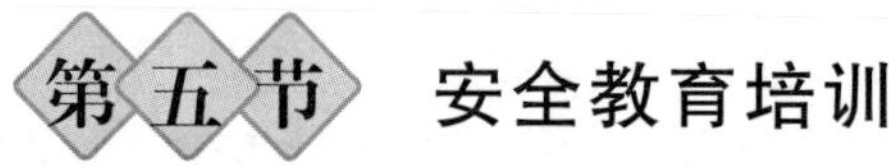

第五节　安全教育培训

一、安全教育培训的基本要求

《安全生产法》第二十五条：生产经营单位应当对从业人员进行安全生产教育和培训，保证从业人员具备必要的安全生产知识，熟悉有关的安全生产规章制度和安全操作规程，掌握本岗位的安全操作技能，了解事故应急处理措施，知悉自身在安全生产方面的权利和义务。未经安全生产教育和培训合格的从业人员，不得上岗作业。

安全教育培训是贯彻国家安全方针、政策和执行企业规章制度，实现安全生产和文明生产，提高员工安全意识和安全素质，防止产生不安行为，减少人为失误的重要途径。首先要提高经营单位管理者及员工安全生产的责任感和自觉性，认真学习有关安全生产的法律、法规和安全生产基础知识；其次是普及和提高员工的安全技术知识，增强安全操作技能，从而保护自己和他人的安全与健康。

生产经营单位应当按照安全生产法和有关法律、行政法规和本规定，建立健全安全培训工作制度。安全生产教育培训以生产经营单位自主培训为主，可以多层次、多渠道、多形式。没有培训能力的单位可委托有资质的安全生产培训机构进行培训，或利用广播、电视和网络等实行远程培训和社会化教学。

二、安全生产教育培训的形式和方法

在实际应用中，根据培训内容和培训对象的不同，灵活选择安全生产教育培训的形式和方法。

安全生产教育的形式有：三级安全教育、特种作业人员安全教育训练、经常性的安全教育等。

经常性的安全培训教育的形式有：每天的班前班后会上说明安全注意事项，举办安全生产日、安全生产月、各类安全生产业务培训班，召开安全生产会议、事故现场分析会，张贴安全生产宣传画、宣传标语及标志，开展安全知识竞赛、安全考试、安全演讲等。主要内容包括：安全生产新知识、新技术；安全生产法律法规；作业场所和工作岗位存在的危险因素、防范措施及事故应急措施；事故案例等。

安全教育可采取课堂讲授法、实际操作演练法、案例研讨法、读书指导法、宣传娱乐法等。

三、安全生产教育的对象和内容

❶ 日常全员教育培训

(1)各级领导要经常向员工进行安全生产教育，宣传“安全第一，预防为主”的方针，使人人牢固树立起安全第一的思想，保证安全生产、文明生产。

(2)把经常性的安全教育贯穿生产活动始终，通过“安全活动日”、班前班后会、安全会议、黑板报、事故现场会等多种宣传形式，使员工掌握岗位安全措施，并运用于实际工作中。

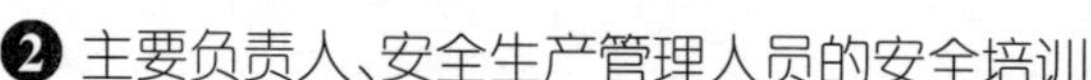

主要负责人和安全生产管理人员应当接受安全培训，具备与所从事的生产经营活动相适应的安全生产知识和管理能力。依照安全生产监管监察部门制定的安全培训大纲实施，在经认定的具备相应资质的培训机构培训合格后，由培训机构发给相应的培训合格证书。初次安全培训时间不得少于32学时，每年再培训时间不得少于12学时。

1）主要负责人的安全培训

主要负责人的安全培训应包括下列内容：

（1）国家安全生产方针、政策和有关安全生产的法律、法规、规章及标准。

（2）安全生产管理基本知识、安全生产技术、安全生产专业知识。

（3）重大危险源管理、重大事故防范、应急管理和救援组织以及事故调查处理的有关规定。

（4）职业危害及其预防措施。

（5）国内外先进的安全生产管理经验。

（6）典型事故和应急救援案例分析。

（7）其他需要培训的内容。

2）安全生产管理人员的安全培训

安全生产管理人员的安全培训应包括下列内容：

（1）国家安全生产方针、政策和有关安全生产的法律、法规、规章及标准。

（2）安全生产管理、安全生产技术、职业卫生等知识。

（3）伤亡事故统计、报告及职业危害的调查处理方法。

（4）应急管理、应急预案编制以及应急处置的内容和要求。

（5）国内外先进的安全生产管理经验。

(6)典型事故和应急救援案例分析。

(7)其他需要培训的内容。

❸ 从业人员的安全培训

从业人员应当接受安全培训,熟悉有关安全生产规章制度和安全操作规程,具备必要的安全生产知识,掌握本岗位的安全操作技能,增强预防事故、控制职业危害和应急处理的能力。未经安全生产培训合格的从业人员,不得上岗作业。

1)对新从业人员的安全培训

企业须对新上岗的临时工、合同工、劳务工、轮换工、协议工等进行强制性安全培训,保证其具备本岗位安全操作、自救互救以及应急处置所需的知识和技能后,方能安排上岗作业。新上岗的从业人员,岗前培训时间不得少于24学时。

从业人员在上岗前必须经过厂、车间、班组三级安全培训教育。

(1)厂级岗前安全培训内容应当包括:

①本单位安全生产情况及安全生产基本知识。

②本单位安全生产规章制度和劳动纪律。

③从业人员安全生产权利和义务。

④有关事故案例等。

⑤事故应急救援、事故应急预案演练及防范措施等。

(2)车间(工段、区、队)级岗前安全培训内容应当包括:

①工作环境及危险因素。

②所从事工种可能遭受的职业伤害和伤亡事故。

③所从事工种的安全职责、操作技能及强制性标准。

④自救互救、急救方法、疏散和现场紧急情况的处理。

⑤安全设备设施、个人防护用品的使用和维护。

⑥本车间(工段、区、队)安全生产状况及规章制度。

⑦预防事故和职业危害的措施及应注意的安全事项。

⑧有关事故案例。

⑨其他需要培训的内容。

(3)班组级岗前安全培训内容应当包括:

①岗位安全操作规程。

②岗位之间工作衔接配合的安全与职业卫生事项。

③有关事故案例。

④其他需要培训的内容。

2)对岗位调整或重新上岗的从业人员

从业人员在单位内部调整工作岗位或离岗一年以上重新上岗时,应当重新接受车间和班组级的安全培训。在实施新工艺、新技术或者使用新设备、新材料时,应对有关从业人员重新进行有针对性的安全培训。

❹ 特种作业人员的安全培训

特种作业人员必须经专门的安全技术培训并考核合格,取得《中华人民共和国特种作业操作证》(以下简称特种作业操作证)后,方可上岗作业。

1)特种作业及特种作业人员的定义

(1)特种作业。

特种作业,是指容易发生事故,对操作者本人、他人的安全健康及设备、设施的安全可能造成重大危害的作业。

特种作业的范围包括电工作业、焊接与热切割作业、高处作业、制冷与空调作业、煤矿安全作业、金属非金属矿山安全作业、石油天然气安全作业、冶金(有色)生产安全作业、危险化学品安全作业、烟花爆竹安全作业、安全监管总局认定的其他作业。

(2)特种作业人员。

特种作业人员,是指直接从事特种作业的从业人员。

特种作业人员应当符合下列条件：

①年满 18 周岁，且不超过国家法定退休年龄。

②经社区或者县级以上医疗机构体检健康合格，并无妨碍从事相应特种作业的器质性心脏病、癫痫病、美尼尔氏症、眩晕症、癔症、震颤麻痹症、精神病、痴呆症以及其他疾病和生理缺陷。

③具有初中及以上文化程度。

④具备必要的安全技术知识与技能。

⑤相应特种作业规定的其他条件。

2）特种作业人员的安全培训

（1）特种作业人员应当接受与其所从事的特种作业相应的安全技术理论培训和实际操作培训。

（2）已经取得职业高中、技工学校及中专以上学历的毕业生从事与其所学专业相应的特种作业，持学历证明经考核发证机关同意，可以免予相关专业的培训。

（3）跨省、自治区、直辖市从业的特种作业人员，可以在户籍所在地或者从业所在地参加培训。

（4）对特种作业人员的安全技术培训，具备安全培训条件的生产经营单位应当以自主培训为主，也可以委托具备安全培训条件的机构进行培训。不具备安全培训条件的生产经营单位，应当委托具备安全培训条件的机构进行培训。

3）考核发证

特种作业人员的考核包括考试和审核两部分。考试由考核发证机关或其委托的单位负责；审核由考核发证机关负责。

（1）考试。

参加特种作业操作资格考试的人员，应当填写考试申请表，由申请人或者申请人的用人单位持学历证明或者培训机构出具的培训证明向申请人户籍所在地或者从业所在地的考核发证机关或其委托的单位提出申请。考核发证机关或其委托的单位收到申请后,应当在60日内组织考试。

特种作业操作资格考试包括安全技术理论考试和实际操作考试两部分。考试不及格的,允许补考1次。经补考仍不及格的,重新参加相应的安全技术培训。

考核发证机关或其委托承担特种作业操作资格考试的单位,应当在考试结束后10个工作日内公布考试成绩。

(2)特种作业操作证。

特种作业操作证有效期为6年,在全国范围内有效。特种作业操作证由安全监管总局统一式样、标准及编号。

4)复审

(1)时间。

特种作业操作证每3年复审1次。特种作业人员在特种作业操作证有效期内,连续从事本工种10年以上,严格遵守有关安全生产法律法规的,经原考核发证机关或者从业所在地考核发证机关同意,特种作业操作证的复审时间可以延长至每6年1次。

(2)流程。

特种作业操作证需要复审的,应当在期满前60日内,由申请人或者申请人的用人单位向原考核发证机关或者从业所在地考核发证机关提出申请,并提交下列材料:

①社区或者县级以上医疗机构出具的健康证明。

②从事特种作业的情况。

③安全培训考试合格记录。

特种作业操作证有效期届满需要延期换证的,应当按照规定申请延期复审。申请复审或者延期复审前,特种作业人员应当参加必要的安全培训并考试合格。安全培训时间不少于8个学时,主要培训法律、法规、标准、事故案例和有关新工艺、新技术、新装备等知识。申请复审的，考核发证机关应当在收到申请之日起20个工作日内完成复审工作。复审合格的，由考核发证机关签章、登记，予以确认；不合格的，说明理由。申请延期复审的，经复审合格后，由考核发证机关重新颁发特种作业操作证。

(3)特殊情况下不予通过。

特种作业人员有下列情形之一的，复审或者延期复审不予通过。

①健康体检不合格的。

②违章操作造成严重后果或者有2次以上违章行为，并经查证确实的。

③有安全生产违法行为，并给予行政处罚的。

④拒绝、阻碍安全生产监管监察部门监督检查的。

⑤未按规定参加安全培训，或者考试不合格的。

⑥具有《特种人员安全技术培训考核管理规定》第三十条、第三十一条规定情形的。

特种作业操作证复审或者延期复审符合第②、③、④、⑤项情形的，经重新安全培训考试合格后，再办理复审或者延期复审手续。再复审、延期复审仍不合格，或者未按期复审的，特种作业操作证失效。

申请人对复审或者延期复审有异议的，可以依法申请行政复议或者提起行政诉讼。

5)监督管理

考核发证机关或其委托的单位及其工作人员应当忠于职守、坚持原则、廉洁自律，按照法律、法规、规章的规定进行特种作业人员的考核、发证、复审工作，接受社会的监督。特种作业人员不得伪造、涂改、转借、转让、冒用特种作业操作证或者使用伪造的特种作业操作证。

(1)撤销、注销特种作业操作证。

有下列情形之一的，考核发证机关应当撤销特种作业操作证。

①超过特种作业操作证有效期未延期复审的。

②特种作业人员的身体条件已不适合继续从事特种作业的。

③对发生生产安全事故负有责任的。

④特种作业操作证记载虚假信息的。

⑤以欺骗、贿赂等不正当手段取得特种作业操作证的。

特种作业人员违反第④、⑤项的规定时，3 年内不得再次申请特种作业操作证。

有下列情形之一的，考核发证机关应当注销特种作业操作证：

①特种作业人员死亡的。

②特种作业人员提出注销申请的。

③特种作业操作证被依法撤销的。

(2)离岗或工作变动的相关要求。

离开特种作业岗位 6 个月以上的特种作业人员，应当重新进行实际操作考试，经确认合格后方可上岗作业。

特种作业人员在劳动合同期满后变动工作单位的，原工作单位不得以任何理由扣押其特种作业操作证。跨省、自治区、直辖市从业的特种作业人员应当接受从业所在地考核发证机关的监督管理。

6)罚则

(1)对生产经营单位。

生产经营单位未建立健全特种作业人员档案的，给予警告，并处 1 万元以下的罚款。

生产经营单位使用未取得特种作业操作证的特种作业人员上岗作业的，责令限期改正；逾期未改正的，责令停产停业整顿，可以并处2万元以下的罚款。

生产经营单位非法印制、伪造、倒卖特种作业操作证，或者使用非法印制、伪造、倒卖的特种作业操作证的，给予警告，并处1万元以上3万元以下的罚款；构成犯罪的，依法追究刑事责任。

(2)对特种作业人员。

特种作业人员伪造、涂改特种作业操作证或者使用伪造的特种作业操作证的，给予警告，并处1000元以上5000元以下的罚款；转借、转让、冒用特种作业操作证的，给予警告，并处2000元以上10000元以下的罚款。

5 城市轨道交通行车调度员教育培训

1)上岗要求

(1)城市轨道交通行车调度员上岗前应符合下列要求：

①接受不少于300学时的理论知识培训和不少于3个月的岗位技能培训。

②通过理论知识考试和岗位技能考试。

③考试合格后，在经验丰富的行车调度员指导和监督下进行操作，时间不少于1个月。

(2)行车调度员离开本岗位6个月以上，应重新经过考试，合格后方可继续上岗。

(3)行车调度员转入不同线路从事调度工作，应经过学习考试。

2)城市轨道交通行车调度员继续教育要求

(1)行车调度员上岗后每年接受不少于80学时的继续教育，继续教育内容除包括理论和技能外，还应包括相关的政策法规、事故案例和行业新技术。

(2)行车调度员每3年进行一次继续教育考试，通过后方可继续从事行车调度工作。

(3)行车调度员的培训、考试和继续教育等情况应纳入运营单位的人员档案。

❻ 城市轨道交通行车值班员教育培训

1)上岗要求

(1)城市轨道交通行车值班员上岗前的教育应符合下列要求:

①接受不少于150学时的理论知识培训和不少于1个月的岗位技能培训。

②通过理论知识考试和岗位技能考试。

③考试合格后,在经验丰富的行车值班员指导和监督下进行操作,时间不少于1个月。

(2)行车值班员离开本岗位连续6个月以上,应重新经过考试,合格后方可继续上岗。

(3)行车值班员转入不同车站从事行车值班员工作前,应经过学习考试。

2)城市轨道交通行车值班员继续教育要求

(1)行车值班员上岗后每年接受不少于60学时的继续教育,继续教育内容除包括理论知识和岗位技能外,还应包括相关政策法规、事故案例和行业新技能。

(2)行车值班员应每三年参加一次继续教育考试,通过后方可继续从事行车值班员工作。

(3)行车值班员的培训、考试和继续教育等情况应纳入运营单位的人员档案。

❼ 消防安全管理的培训要求

1)消防教育的一般规定

《城市轨道交通消防安全管理》(GA/T 579—2005)中第10条规定关于消防宣传教育、培训。

(1)城市轨道交通运营单位应通过公益广告、广播、闭路电视和疏散指示牌等向乘客宣传轨道交通防火、灭火和安全疏散方法。

(2)重大节假日和活动期间应开展有针对性的消防宣传、教育活动。

(3)新员工上岗前应进行一次消防安全教育培训。

(4)城市轨道交通运营单位每半年至少应组织一次全员培训,将培训纳入轨道运营单位职业学校教学课程。

(5)宣传教育、培训情况应做记录。

2)消防宣传教育培训的内容

(1)有关消防法规、消防安全制度和保障消防安全的操作规程。

(2)本单位的消防应急预案。

(3)本单位和本岗位火灾危险性及防火措施。

(4)有关消防设施的性能和使用、检查和维护方法。

(5)报告火警、扑救初起火灾及逃生自救的知识和技能。

(6)组织、引导乘客疏散的知识和技能。

(7)其他消防安全宣传教育内容。

3)消防的专门培训

下列人员每年应接受一次消防安全专门培训。

(1)单位的消防安全责任人(法人代表或主要负责人)。

(2)消防安全管理人。

(3)专职的消防安全员。

(4)车辆、设备设施维修部门经理(车间主任)。

(5)消防控制室的值班、操作人员。

(6)控制中心主任(值班主任)、调度人员。

(7)车站站长(值班站长)。

(8)列车司机。

(9)特种作业人员。

(10)其他应当接受消防安全专门培训的人员。

注:城市轨道交通运营驾驶员教育培训内容及要求,详见第六节驾驶员和车辆管理。

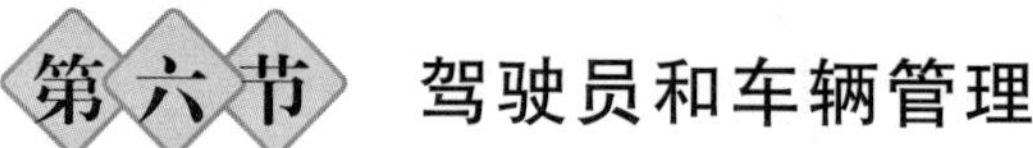

第六节 驾驶员和车辆管理

一、城市轨道列车驾驶员技能与素质要求

❶ 基本素质要求

列车驾驶员应符合下列基本素质要求:

(1)年满 18 周岁,男性不宜超过 55 周岁,女性不宜超过 50 周岁。

(2)身高不低于 160cm、不高于 190cm。

(3)身体健康,无精神病史或癫痫病史,无运动功能障碍或妨碍安全驾驶的疾病。

(4)双眼裸眼视力不低于 0.8(4.9)或矫正视力不低于 1.0(5.0),无色盲,听力正常。

(5)具有良好的汉字读写能力,并能熟练应用普通话交流。

(6)心理健康,具有良好的心理素质和应急反应能力。

(7)具有中专及以上学历。

(8)无酗酒、赌博等不良嗜好,无吸毒等违法犯罪记录。

(9)遵章守纪,服从指挥,能严格按照相关规章制度要求行车。

❷ 理论知识要求

列车驾驶员具备的理论知识应符合表 3-1 中的要求。

列车驾驶员理论知识要求　　表3-1

序号	类别	项　目	要　求
1	基础知识	1.1　安全基础知识	(1)了解用电安全、消防安全、行车安全和机械结构安全、车辆系统安全等基础知识； (2)了解轨道交通其他辅助系统的基本安全常识
		1.2　相关法律法规知识	了解安全生产法、劳动安全法和突发事件应对法等国家相关法律法规、部门规章、规范性文件，以及地方性法规和规章
		1.3　电子、电工和机械、计算机基础知识	(1)了解电子电路、电力电子、电气线路和机车机械结构、钳工、计量、仪器仪表等基础知识； (2)掌握计算机基本理论和操作
		1.4　轨道交通基础知识	(1)掌握城市轨道交通系统原理； (2)了解通信信号、车辆、供电、轨道线路等设施设备基础知识
2	专业知识	2.1　行车知识	(1)掌握行车组织规则和作业标准； (2)了解行车线路线网架构、线网密度、线网规模、车站站位、客流换乘流线等的基础知识和各级应急预案
		2.2　乘务管理知识	掌握乘务计划、运作及工作日志相关知识
		2.3　车辆知识	(1)掌握车辆结构、组成和功能； (2)掌握车辆车钩缓冲装置、门系统、制动系统、风管路系统、转向架、典型电器等基础知识； (3)掌握简单故障处理方法
		2.4　通信、信号知识	(1)掌握机车通信系统、信号系统的功能及使用； (2)掌握简单故障的判别方法及故障处理流程

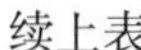

续上表

序号	类别	项　目	要　求
2	专业知识	2.5　供电、轨道线路和站台门知识	(1)掌握与行车相关的供电系统、轨道线路和站台门的基本功能； (2)了解供电系统、轨道线路的组成； (3)掌握站台门类型及操作
		2.6　乘客服务知识	掌握列车广播应用及突发事件处理等基本知识
3	运营线路支持	3.1　行车组织知识	(1)了解线网结构、线网密度、线网规模、车站站位、客流换乘流线等基础知识和各级应急预案； (2)掌握本线路行车组织办法
		3.2　安全规章制度	掌握运营单位有关安全的相关规定和应急预案
		3.3　设施设备情况	(1)掌握线路特征及线路附属设备布局； (2)掌握车辆基地线路及线路附属设备布局； (3)掌握站台门布局

❸ 岗位技能要求

列车驾驶员具备的岗位技能应符合表 3-2 中的要求。

列车驾驶员岗位技能要求　　表 3-2

序号	类别	项　目	要　求
1	基本技能	1.1　出退勤作业	掌握出退勤作业的流程及内容，正确完成出退勤作业
		1.2　列车整备作业	掌握一次出乘准备、列车动静态检查等作业内容，正确完成列车整备作业
		1.3　列车出入场作业	掌握列车出入场作业流程，正确完成列车出入场作业

续上表

序号	类别	项　　目	要　　求
1	基本技能	1.4　正线驾驶作业	掌握不同驾驶模式的列车操纵、折返作业、列车客室车门/站台门开关作业、交接班作业、线路限速、进出站作业的驾驶要求,正确完成正线驾驶作业
		1.5　车辆基地作业	掌握列车洗车、调车、试车线作业流程,正确完成车辆基地作业
		1.6　调度命令执行作业	掌握行车标准用语,正确完成调度命令的接收、复诵、执行和交接作业
		1.7　列车设备基本操作	掌握列车专用端门、下车设施、应急升弓、列车广播和人机界面等操作方法,正确完成列车设备的基本操作
		1.8　正线配合调试作业	掌握正线调试的作业流程和安全关键点,正确完成正线配合调试作业
2	专业技能	2.1　非正常情况下的行车作业	掌握突发事件、设备故障和恶劣天气的行车要求,正确完成非正常情况下的行车作业
		2.2　列车故障应急处理作业	掌握列车制动、列车客室车门、牵引、通信信号等常见故障诊断和应急操作方法,正确完成相关应急操作
		2.3　列车故障救援作业	掌握列车故障救援程序,正确完成故障车/救援车的准备、连挂和运行作业
		2.4　乘客应急疏散作业	掌握乘客应急疏散预案,正确完成各种情况下的乘客应急疏散作业

❹ 上岗要求

(1)列车驾驶员上岗前应符合下列要求：

①接受不少于300学时的理论知识培训和不少于2个月的岗位技能培训。

②通过理论知识考试和岗位技能考试。

③在经验丰富的列车驾驶员指导和监督下驾驶，里程不少于5000km。

(2)列车驾驶员离开驾驶岗位连续6个月以上，应重新经过考试，合格后方可继续上岗。地铁电动列车驾驶证，见图3-11。

图3-11 地铁电动列车驾驶证

(3)列车驾驶员转入不同线路从事驾驶工作前，应经过考试。

❺ 继续教育要求

(1)列车驾驶员上岗后每年应接受不少于80学时的继续教育，继续教育内容除应包括上述规定的理论知识和岗位技能外，还应包括相关政策法规、事故案例和行业新技术等。

(2)列车驾驶员应每3年参加1次继续教育考试，通过后方可继续从事列车驾驶工作。

(3)列车驾驶员的培训、考试和继续教育等情况应纳入运营单位的人员档案。

二、城市轨道交通车辆技术条件和管理

❶ 一般要求

(1)在车辆寿命周期内,车辆应满足正常运行时的行车安全和人身安全要求,同时应具备故障、事故和灾难情况下方便救援的条件。

(2)车辆及其内部设施应采用不燃材料或低烟、无卤的阻燃材料。

(3)车辆应采取减振防噪措施,减小车辆噪声和对环境的有害影响。

(4)新设计的车辆或经过重大技术改造的首列(辆)车应进行型式试验。

❷ 车体

(1)在车辆寿命周期内,车体应能够承受各种静态、动态荷载而不产生永久变形、断裂和疲劳失效;车体应有足够的刚度,应满足维修和复轨的要求。新设计的车辆或车辆经过改造对车体强度有影响时,应进行车体静强度试验。

(2)车门有效净高度不应低于1.80m;自地板面计算,座椅安装处的客室有效净空高度不应低于1.70m。

(3)客室侧门应具备下列功能:

①能单独开闭和锁闭;在站台设有屏蔽门时,能与屏蔽门联动开闭。

②列车运行时能可靠锁闭。

③能对单个车门进行隔离。

④在列车收到开门信号时才能正常打开。

⑤在紧急情况下,乘客能手动解锁开门。

(4)客室内应设扶手;在列车运行时,车辆连接处应采取保障乘客安全的措施。

(5)客室车窗的结构应防止乘客在无意识状态下身体任何部位伸出窗外;车窗玻璃应为安全玻璃。

(6)客室地板应防滑;客室结构、过道处不应有尖角或突出物。

❸ 牵引和制动

(1)列车应具有既独立又相互协调配合的电气、摩擦制动系统,并应保证车辆在各种运行状态下所需的制动力。

(2)当电气制动出现故障丧失制动能力时,摩擦制动系统应能自动投入使用,并应保证所需的制动力;列车应具备停放制动功能,并应保证列车在超员载荷工况下停在最大坡道时不发生溜车。

(3)与道路交通混合运行的列车(车辆)还应具备:

①独立于轮轨黏着制动功能之外的制动系统。

②用于黏着制动系统的撒砂装置。

(4)当列车发生分离事故时,应能自动实施紧急制动。

(5)当客室侧门未全部关闭时,列车应不能正常起动。

(6)列车应具备下列故障运行的能力:

①在定员载荷工况下,当列车丧失 1/4 动力时,应能维持运行到终点。

②在定员载荷工况下,当列车丧失 1/2 动力时,应具有在正线最大坡道上起动和运行到最近车站的能力。

③一列空载列车应能在正线最大坡道上推送一列故障的定员载荷工况下的列车至最近车站。

(7)牵引与制动的控制应符合下列要求:

①制动指令应优先于牵引指令。

②牵引及制动力变化时的冲击率应符合人体对加、减速度变化的适应性。

(8)列车应设置独立的紧急制动按钮，在牵引制动主手柄上应设置警惕按钮。

(9)当列车一个辅助逆变器丧失供电能力时，剩余列车辅助逆变器的容量应满足涉及行车安全的列车基本负载的供电要求。

❹ 车载设备和设施

(1)车辆应设置蓄电池，其容量应满足紧急状态下车门控制、应急照明、外部照明、车载安全设备、广播、通信、信号、应急通风等系统的供电要求。用于地下运行的车辆，蓄电池容量应保证供电时间不小于45min；用于地面或高架线路运行的车辆，蓄电池容量应保证供电时间不小于30min。

(2)车辆内所有电气设备应有可靠的保护接地措施。

(3)与道路交通混行的列车，应具备满足道路交通法规要求的前照灯、示宽灯、方向指示灯、尾灯和后视镜。

(4)客室及司机室应根据需要设置通风、空调和采暖设施，并应符合下列要求：

①当仅设有机械通风装置时，客室内人均供风量不应少于$20m^3/h$(按定员载荷计)。

②当采用空调系统时，客室内人均新风量不应少于$10m^3/h$(按定员载荷计)；司机室人均新风量不应少于$30m^3/h$。

③列车应设紧急通风装置。

④采暖系统应确保消防安全，采用电加热器时应有超温保护功能，电加热器不应对乘客造成伤害。

(5)车辆至少应设置一处供轮椅车停放的位置，并应有固定轮椅的装置；在车辆及车站站台的相应位置应有明显的指示标志。

(6)车辆应设有应急照明。

(7)车辆应具备下列通信设施和功能:

①广播报站和应急广播服务。

②司机与车站控制室、控制中心的通话设备。

③乘客与司机直接联系的通话设备。

④在无人驾驶模式中,乘客与控制中心联系的通信系统。

⑤紧急通信优先。

(8)车辆上应具备下列应急设施或功能:

①司机室应至少设置1具灭火器;每个客室应至少设置2具灭火器。

②地下运行的编组列车,各车辆之间应贯通;当不设置纵向疏散平台时,列车两端应有应急疏散条件和相应设施。

③与道路交通混行的列车(车辆)应配备警示三角牌。

④单轨列车的客室车门应配备缓降装置;列车应能实施纵向救援和横向救援。

⑤无人驾驶的列车应配备人工操控列车的相关设备。

❺ 车辆的日常管理

(1)运营单位应根据线路运行需要,制定运用车、维修车和备用车计划。

(2)车辆应定期维护,保持技术状态良好、设备完好。

(3)列车内安全标识、引导标识、无障碍设施、广播设备和灭火器等应设置齐全。

(4)车辆履历本、列车驾驶员操作手册、故障诊断手册等资料齐全。

(5)城市轨道交通运营单位要按照《地铁设计规范》和《地铁车辆通用技术条件》的要求,根据车辆实际技术状态、走行里程、适用时间确定检修周期，制定检修规程，可采用日检、双周检、月检、年检（定修）、架修或大修等。

（6）运营单位应根据车辆检修规程、场地、人员等条件编制车辆维修操作文件。

（7）车辆维护与维修应加强与信号、通信等系统的协调与配合。

（8）运营单位应建立车辆维修档案管理制度，严格记录和存档车辆维修、使用信息，维修记录应至少保存5年。

（9）运营单位应制定列车卫生保洁制度，规定列车车体和客室的保洁周期，定期对列车进行保洁。

（10）运营车辆保有量应按设计年度运能规模配置，当客运量规模预计达到设计年度计划，应提前购置所需车辆，并补充完善相应配套设施。

（11）运营单位应建立车辆维修基础资料档案管理制度，包括车辆维修与维护手册、易损易耗件目录、部件功能描述技术文件、车辆电器部件接线图、车辆各系统电路图、车辆布线图、车辆部件拆装工艺和流程等。

（12）列车应设置报警系统，客室内应设置乘客紧急报警装置，乘客紧急报警装置应具有乘务员与乘客间双向通信功能。当采用无人驾驶运行模式时，报警系统设置应符合现行国家标准《城市轨道交通技术规范》（GB 50490）的有关规定。

（13）客室车门系统应设置安全连锁，应确保车速大于5km/h时不能开启、车门未全关闭时不能起动列车。

（14）客室、司机室内应配置便携式灭火器具，安放位置应有明显标识并便于取用。

（15）在站台计算长度范围内，当不设站台屏蔽门时，越站列车实际运行速度不应大于40km/h。

（16）城市轨道运营单位应建立车辆维修档案管理制度，严格

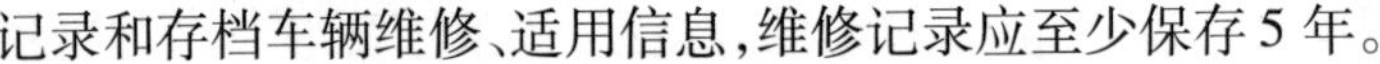
记录和存档车辆维修、适用信息,维修记录应至少保存5年。

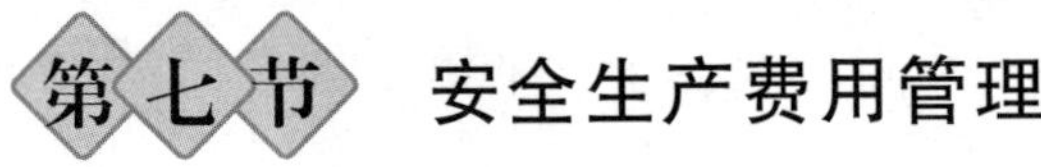

第七节 安全生产费用管理

一、安全生产费用投入的必要性

《安全生产法》第十八条中明确规定了生产经营单位的主要负责人要保证本单位安全生产投入的有效实施;《安全生产法》第二十条规定:生产经营单位应当具备的安全生产条件所必需的资金投入,由生产经营单位的决策机构、主要负责人或者个人经营的投资人予以保障,并对由于安全生产所必需的资金投入不足导致的后果承担责任。

安全生产投入是确保企业安全生产的物质保障。2012年2月14日由国家安全生产监督管理总局和财政部联合发布实施的《企业安全生产费用提取和使用管理办法》中第九条规定,交通运输企业以上年度实际营业收入为计提依据,按照以下标准平均逐月提取:客运业务、管道运输、危险品等特殊货运业务按照1.5%提取。安全生产费用提取由之前《关于印发〈高危行业企业安全生产费用财务管理暂行办法〉的通知》(财企〔2006〕478号)中规定的客运业务按照营业收入的0.5%提取提高到现在营业收入的1.5%,可见国家在安全生产投入管理上作出的提高,同时也重视了在安全投入上的取得的成效。

二、城市轨道交通运营企业安全生产费用的提取依据和适用范围

(1)《企业安全生产费用提取和使用管理办法》规定了交通

运输企业安全生产费用的提取比例和适用范围。其中第九条规定:交通运输企业以上年度实际营业收入为计提依据,按照以下标准平均逐月提取:

①普通货运业务按照1%提取。

②客运业务、管道运输、危险品等特殊货运业务按照1.5%提取。

(2)《企业安全生产费用提取和使用管理办法》第二十一条规定了交通运输企业安全费用应当按照以下范围使用:

①完善、改造和维护安全防护设施设备支出(不含“三同时”要求初期投入的安全设施),包括道路、水路、铁路、管道运输设施设备和装卸工具安全状况检测及维护系统、运输设施设备和装卸工具附属安全设备等支出。

②购置、安装和使用具有行驶记录功能的车辆卫星定位装置、船舶通信导航定位和自动识别系统、电子海图等支出。

③配备、维护、保养应急救援器材、设备支出和应急演练支出。

④开展重大危险源和事故隐患评估、监控和整改支出。

⑤安全生产检查、评价(不包括新建、改建、扩建项目安全评价)、咨询和标准化建设支出。

⑥配备和更新现场作业人员安全防护用品支出。

⑦安全生产宣传、教育、培训支出。

⑧安全生产适用的新技术、新标准、新工艺、新装备的推广应用支出。

⑨安全设施及特种设备检测检验支出。

⑩其他与安全生产直接相关的支出。

(3)在安全生产费用规定的使用范围内,企业应当将安全费用优先用于满足安全生产监督管理部门以及行业主管部门对企业安全生产提出的整改措施或者达到安全生产标准所需的支出。

(4)企业提取的安全费用应当专户核算,按规定范围安排使用,不得挤占、挪用。年度结余资金结转下年度使用,当年计提安全费用不足的,超出部分按正常成本费用渠道列支。

(5)主要承担安全管理责任的集团公司经过履行内部决策程序,可以对所属企业提取的安全费用按照一定比例集中管理,统筹使用。

三、对安全生产费用的监督管理

针对城市轨道交通企业安全生产费用的适用要求,企业应建立健全其相应的管理制度,明确安全费用的提取依据、使用范围、监督检查的周期和内容,确保安全生产费用投入实施有效。

(1)《企业安全生产费用提取和使用管理办法》第三十一条规定:企业应当建立健全内部安全费用管理制度,明确安全费用提取和使用的程序、职责及权限,按规定提取和使用安全费用。

(2)企业应当加强安全费用管理,编制年度安全费用提取和使用计划,纳入企业财务预算。企业年度安全费用使用计划和上一年安全费用的提取、使用情况按照管理权限报同级财政部门、安全生产监督管理部门、煤矿安全监察机构和行业主管部门备案。

(3)企业安全费用的会计处理,应当符合国家统一的会计制度的规定。

(4)企业提取的安全费用属于企业自提自用资金,其他单位和部门不得采取收取、代管等形式对其进行集中管理和使用,国家法律、法规另有规定的除外。

(5)各级财政部门、安全生产监督管理部门、煤矿安全监察机构和有关行业主管部门依法对企业安全费用提取、使用和管理进行监督检查。

(6)企业未按本办法提取和使用安全费用的,安全生产监督管理部门、煤矿安全监察机构和行业主管部门会同财政部门责令其限期改正,并依照相关法律法规进行处理、处罚。

(7)各省级财政部门、安全生产监督管理部门、煤矿安全监察机构可以结合本地区实际情况,制定具体实施办法,并报财政部、国家安全生产监督管理总局备案。

安全资金的投入是确保安全生产的基础要求,公司的主要负责人和安全生产管理人员要确保安全费用的实施有效,因为安全费用投入使用不到位,根据第二章第二节相关条款,给予相应的处罚。

第四章　危险源辨识与隐患排查

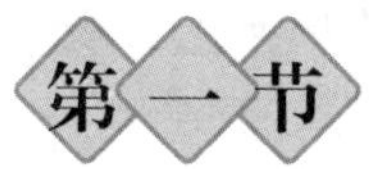

第一节　危险源定义与分类

危险源的辨识与控制是企业安全管理制度建设的核心，是预防安全生产事故发生的重要措施。通常意义上讲的危险源是企业从业人员、设备设施、物资材料、作业场所和环境、安全管理等存在的各类危险有害因素，而重大危险源目前只存在于危险化学品的生产、搬运、使用和储存的经营活动，对于城市轨道交通运输企业而言，一般不存在重大危险源。

一、危险源定义

危险源是指可能导致伤害或疾病、财产损失、工作环境破坏或这些情况组合的根源或状态。

危险源的构成要素：潜在的危险性、存在条件和触发因素。

危险源的潜在危险性是指一旦触发事故，可能带来的危害程度或损失大小，或者说危险源可能释放的能量强度或危险物质量的大小。

危险源的存在条件是指危险源所处的物理、化学状态和约束条件状态。例如，物质的压力、温度、化学稳定性，盛装压力容器的坚固性，周围环境障碍物等情况。

触发因素虽然不属于危险源的固有属性，但它是危险源转化为事故的外因,而且每一类型的危险源都有相应的敏感触发因素。

如易燃、易爆物质,热能是其敏感的触发因素,又如压力容器,压力升高是其敏感触发因素。因此,一定的危险源总是与相应的触发因素相关联。在触发因素的作用下,危险源转化为危险状态,继而转化为事故。

二、危险源分类

根据危险源在事故发生中所起的作用不同,可将危险源划分为根源危险源(又称第一危险源)和状态危险源(又称第二危险源)。

根源危险源是指系统中存在的、可能发生意外释放的能量或危险物质,实际工作中往往把产生能量的能量源或拥有能量的能量载体作为根源危险源来处理。根源危险源具有的能量越多,一旦发生事故其后果越严重。相反,根源危险源处于低能量状态时比较安全。

状态危险源是指导致约束、限制能量措施失效或破坏的各种不安全因素,包括人、物、环境等方面的问题。

(1)人失误可能直接破坏对根源危险源的控制,造成能量或危险物质的意外释放;同时,人失误也可能造成物的故障,进而导致事故。

(2)物的故障可能直接使约束、限制能量或危险物质的措施失效而发生事故;有时一种物的故障可能导致另一种物的故障,最终造成能量或危险物质的意外释放;物的故障有时会诱发人失误;人失误会造成物的故障,实际情况比较复杂。

(3)环境因素主要指系统运行的环境,包括温度、湿度、照明、粉尘、通风换气、噪声和振动等物理环境以及企业和社会的软环境。不良的物理环境会引起物的故障或人失误;企业的管理制度、人际关系或社会环境影响人的心理进而可能引起人失误。

事故的发生是两类危险源共同起作用的结果。根源危险源的存在是事故发生的前提,没有根源危险源就谈不上能量或危险物质的意外释放,也就无所谓事故。另外,如果没有第二类危险源的破坏根源危险源的控制,也不会发生能量或危险物质的意外释放。第二类危险源的出现是根源危险源导致事故的必要条件。两类危险源关系如图 4-1 所示。

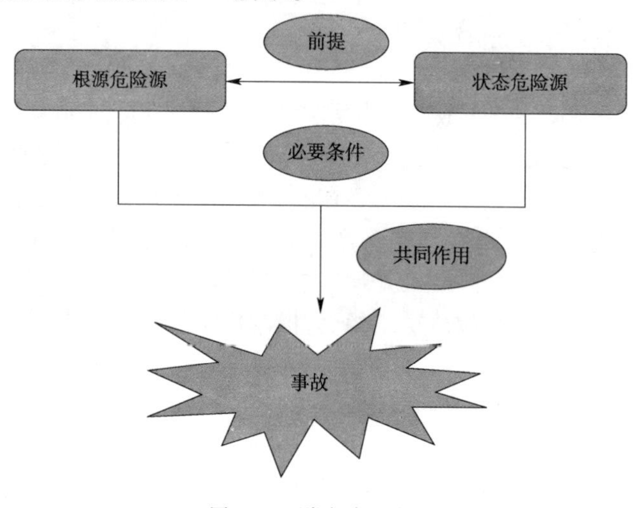

图 4-1　两类危险源关系

三、危险源辨识

❶ 危险源辨识的定义

危险源辨识就是识别危险源并确定其特性的过程。危险源辨识不但包括对危险源的识别,而且必须对其性质加以判断。

危险源辨识的目的就是通过对系统的分析,界定出系统中的哪些部分、区域是危险源,其危险的性质、危害程度、存在状况、危险源能量与物质转化为事故的转化过程规律、转化的条件、触发因素等。以便有效地控制能量和物质的转化,使危险源不至于转化为事故。它是利用科学方法对生产过程中那些具有能量、物质的性质、类型、构成要素、触发因素或条件,以及后果进行分析与研究,作出科学判断,为控制事故发生提供必要的、可靠的依据。

在辨识过程中,要考虑三种状态(正常、异常和紧急)和三种时态(过去、现在和将来)。三种时态包括:过去的作业活动、系统或设备等安全控制状态及发生过的人身伤害事故,并延续到现在的;作业活动、系统或设备等现在的安全状态;可以预见的作业活动发生变化、系统、设备等新产生或在维护、改进、报废等活动时产生的安全控制状态。三种状态涉及:正常状态即正常、持续的生产运行;异常状态即指生产的开车、停车、检修等情况;紧急状态指发生爆炸、火灾、洪水等重大突发性事件。危险源辨识要包括:四个方面:人的不安全行动;物的不安全状态;作业环境因素;安全健康管理因素。

危险源辨识方法可以粗略地分为对照法和系统安全分析法两大类。

对照法:安全检查表法、询问交谈法、现场观察法、问卷调查法、查阅相关记录、获取外部信息、工作任务分析等。

系统安全法:危险与可操作性研究、事件树分析、故障树分析等。

❷ 城市轨道交通运输系统危险源的识别

城市轨道交通危险源识别涉及员工的健康与安全、行车安全、设备安全、消防安全、交通安全、乘客及相关方安全、财产损失和列车延误等范畴。

(1)危险源识别范围包括城市轨道交通覆盖范围内工作区域及其他相关范围内的生产经营活动、人员、设施等。

(2)根据城市轨道交通及其他活动情况,可分成以下类别:

①按地点划分:轨道交通沿线各车站、车辆段、OCC(控制中

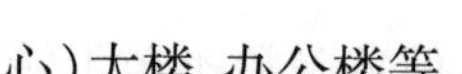

心)大楼、办公楼等。

②按活动划分:常规活动、非常规活动、潜在紧急情况。各活动包含的主要内容见表4-1。

城市轨道交通危险源识别活动的主要内容 表4-1

活动类别	主要内容
常规活动	运营服务活动:依据运营时刻表组织列车运营、客运服务过程
	设备、设施的设计、安装、调试、验收、接管、使用过程
	公共活动:相关部门均有的活动,包含办公,电梯、叉车、消防设施、空调、空压机、抽风机使用,化学物品搬运储存、废弃等; 间接活动:为运营服务活动提供支持的活动,主要包括物资部仓库管理、检验、物料采购以及物料的使用管理、食堂管理等
非常规活动	设备、设施维护保养,消防及行车疏散演习,因公外出,合同方在总部的活动(如工程施工、维修、清洁等)
潜在的紧急活动	如行车、火灾、爆炸、化学物品泄漏、中毒、台风、雷击、碰撞等事故事件(潜在的紧急情况的危险辨识需考虑紧急情况发生时和发生后进行抢险救援过程中存在的危险)

在进行危险源辨识前,必须把危险源事故类型确定下来,以防止危险源识别不清晰、不全面。通过《职工伤亡事故分类》(GB 6441—1986)及分析城市轨道交通运营过程可能产生的行车事故/事件、列车延误及财产损失等事故类别,确定了危险源事故类型表,具体见表4-2。

危险源事故类型 表4-2

类别	事故名称	备注
1	物体打击	伤害事故
2	车辆伤害	
3	机械伤害	
4	起重伤害	
5	触电	

续上表

类别	事故名称	备注
6	淹溺	伤害事故
7	灼烫	
8	火灾	
9	高处坠落	
10	坍塌	
11	容器爆炸	
12	其他爆炸	
13	中毒和窒息	职业病
14	其他伤害	
15	噪声聋	
16	尘肺	
17	视力受损	
18	其他职业病	
19	健康受损	健康危害
20	财产损失(2000元及以上)	无伤害事故/事件
21	列车延误	无伤害的列车延误事件
22	行车事件/事故	含人员伤亡的行车事件/事故
23	可能引发行车事件/事故的设备; 缺陷事件和行为事件	引发行车事件/事故的危险源
24	其他事件/事故	无伤害事件/事故

在各部门所列出识别范围内的活动或流程所涉及的所有方面后，选用合适的设备分析法、工艺流程分析法或其他划分方法，根据事故类型划分危害事件，并根据以下过程划分危险源识别对象：

①对车辆设备大修的活动，可按照其工艺流程分析法划分识别对象。

②对设备维护及保养的活动，可按照设备分析法依据划分的设备作为危险源识别对象，并结合活动实施过程划分。

③使用设备时可根据具体操作过程。

④根据采购、存放、检测设备的过程。

⑤根据行车组织、客运组织过程。

⑥针对每一危险源辨识对象，参考危险源事故类型表，识别可能存在的事故/事件，并登记在表4-2所示的危险源辨识及风险评价等级表中“危害事件”栏以及“事故类型”栏内。

四、风险评价

❶ 风险评价方法

对已识别出的危险源，通常采用风险评价方法进行分类评价。风险评价的方法一般有下列几种：

(1)专家讨论与比较。由专业人员对控制水平进行判断，并分析确定，一般需考虑专业性及倾向性。

(2)权重与打分法(作业条件危险性评价法)。选择几个评价因子，用公式算得到。

(3)民意测验法。对广泛调查表的结果进行统计分析。

(4)是非判断法。给出明确的标准，直接判断。

(5)事故数或事件树分析法。

❷ 风险等级划分

根据风险评价的结果，可将风险分为 5 级：

第 1 级，极其危险。

第 2 级，高度危险。

第 3 级，中度危险。

第 4 级，一般危险。

第 5 级，可容忍危险。

根据对国内外城市轨道交通运营事件的分析，城市轨道交通系统主要危险因素分析汇总见表 4-3。

城市轨道交通主要危险因素分析汇总　　表 4-3

<table>
<tr><th>危险因素</th><th>发生位置</th><th>可能原因</th><th>可能后果</th><th>危险等级</th></tr>
<tr><td rowspan="4">火灾、爆炸</td><td>列车</td><td>车辆电路短路等列车故障；车厢内可燃物着火；未熄灭烟头；纵火</td><td>设备损失、中断运营、人员伤亡</td><td>1</td></tr>
<tr><td>车辆段</td><td>维修设备时违章作业；设备着火</td><td>设备损失、人员伤亡</td><td>2</td></tr>
<tr><td>车站</td><td>车站内电气设备故障；乘客携带危险品；吸烟；纵火</td><td>设备损失、中断运营、人员伤亡</td><td>1</td></tr>
<tr><td>隧道</td><td>隧道电缆着火；隧道内电气设备故障起火；隧道内可燃物着火</td><td>设备损失、中断运营</td><td>2</td></tr>
<tr><td>列车脱轨</td><td>列车运行中或试车作业时</td><td>车辆故障；列车超速；钢轨断裂；道岔损伤；异物侵入；驾驶员误操作</td><td rowspan="2">设备损失、中断运营、人员伤亡</td><td>1～2</td></tr>
<tr><td>列车撞车</td><td>列车运行中或试车作业时</td><td>车辆故障；列车超速；驾驶员误操作；办错进路</td><td>2～3</td></tr>
</table>

续上表

危险因素	发生位置	可能原因	可能后果	危险等级
拥挤踩踏	车站站台	人员密集突发事件疏散不力或有障碍物	中断运营、人员伤亡	1~2
	列车上	紧急情况下疏散不力		
中毒窒息	车站站台	火灾情况下,燃烧后产生有毒物质;投毒或恐怖袭击		
	列车上			
其他危险	列车上	车门夹人	中断运营、人员伤亡	4~5
	站台	扶梯伤人	人员伤亡	
	第三轨	故障;走行轨异物短路,水淹	中断运营	

通过对城市轨道交通运营事件影响危险度分析及世界各地历年来城市轨道交通运营过程中的事故案例统计分析,总结出以下结论:

(1)地铁火灾和人为恐怖事件的危险度最高。

(2)导致重大人员伤亡和列车中断运营的原因主要在列车、车站和钢轨方面。

(3)影响地铁安全运营的外部因素主要来自乘客携带违禁品、自然灾害等。

❸ 风险控制

(1)对第1级和第2级的风险,一定要制定职业健康安全目标和职业健康安全管理方案。

(2)对第3级风险,视情况制定职业健康安全目标和职业健康安全管理方案。

(3)对第1、2、3、4级的风险,要制定运行控制程序,按程序进行管理。

(4)对第5级的风险可维持现有的风险控制措施。

(5)其他任务需要控制的风险则根据实际情况的需要制定管理方案。

(6)对于潜在的紧急风险情况,应制定应急准备和响应控制程序,按程序进行管理。

五、重大危险源

❶ 定义

重大危险源,是指长期地或者临时地生产、搬运、使用或者储存危险物品,且危险物品的数量等于或者超过临界量的单元(包括场所和设施)。

❷ 辨识

重大危险源的辨识应依据《危险化学品重大危险源辨识》(GB 18218—2009)标准的相关要求。

单元内(500m)存在的危险化学品的数量等于或超过临界量,即被定为重大危险源。

单元内存在的危险化学品为单一品种,则该危险化学品的数量即为单元内危险化学品的总量,若等于或超过临界量,则定为重大危险源。

单元内存在的危险化学品为多品种时,则按式(1)计算,若满足式(1),则定为重大危险源:

$$q_1/Q_1 + q_2/Q_2 + \cdots + q_n/Q_n \geq 1 \tag{1}$$

式中:$q_1, q_2, \cdots, q_n$——每种危险化学品实际存在量,t;

$Q_1, Q_2, \cdots, Q_n$——与各危险化学品相对应的临界量,t。

❸ 重大危险源管理

企业对重大危险源应当登记建档，进行定期检测、评估、监控，并制定应急预案，告知从业人员和相关人员在紧急情况下应当采取的应急措施。企业应当按照国家有关规定将本单位重大危险源及有关安全措施、应急措施报有关地方人民政府安全生产监督管理部门和有关部门备案。

《危险化学品安全管理条例》中规定，生产、储存危险化学品的企业，对本企业的安全生产条件每 3 年进行一次安全评价，提出安全评价报告。安全评价报告应包括以下内容：

(1)安全评估的主要依据。

(2)重大危险源基本情况。

(3)危险、有害因素辨识与分析。

(4)可能发生的事故类型、严重程度。

(5)重大危险源等级。

(6)安全对策措施。

(7)应急救援措施。

(8)评估结论与建议。

安全评估报告应当数据准确，内容完整，对策措施具体可行，结论客观公正。

❹ 重大危险源分级

根据《危险化学品重大危险源监督管理暂行规定》第八条的规定，重大危险源根据其危险程度，分为一级、二级、三级和四级，一级为最高级别。

❺ 重大危险源备案

《危险化学品重大危险源监督管理暂行规定》第二十三条规定，危险化学品单位在完成重大危险源安全评估报告或者安全评价报告后15日内，应当填写重大危险源备案申请表，连同本规定第二十二条规定的重大危险源档案材料（其中第二款第五项规定的文件资料只需提供清单），报送所在地县级人民政府安全生产监督管理部门备案。县级人民政府安全生产监督管理部门应当每季度将辖区内的一级、二级重大危险源备案材料报送至设区的市级人民政府安全生产监督管理部门。设区的市级人民政府安全生产监督管理部门应当每半年将辖区内的一级重大危险源备案材料报送至省级人民政府安全生产监督管理部门。

第二节　隐患排查

一、隐患的定义

《安全生产事故隐患排查治理暂行规定》（国家安全生产监督管理总局令第16号）规定。安全生产事故隐患（简称事故隐患）：是指生产经营单位违反安全生产法律、法规、规章、标准、规程和安全生产管理制度的规定，或者因其他因素在生产经营活动中存在可能导致事故发生的物的危险状态、人的不安全行为和管理上的缺陷。

事故隐患分为一般事故隐患和重大事故隐患。

（1）一般事故隐患，是指危害和整改难度较小，发现后能够立即整改排除的隐患。

（2）重大事故隐患，是指危害和整改难度较大，依照法律、法规规定应当全部或者局部停产停业，并经过一定时间整改治理方能排除的隐患，或者因外部因素影响致使生产经营单位自身难以排除隐患。

二、隐患排查方法与手段

❶ 隐患排查的方法

企业各部门、各成员均是事故隐患排查、治理和防控的主体。明确排查地点、项目、标准、责任、将隐患排查治理日常化。各单位主要负责人对本单位事故隐患排查治理工作全面负责。

排查隐患可以采用以下方法:

(1)看:主要查看管理记录、持证上岗、现场标识、交接验收资料、劳动防护用品佩戴使用情况、洞口与临边防护情况、设备防护装置等。

(2)量:主要是用卷尺等长度计量器具进行实测实量,如对设备设施与高压线距离、电箱的安装高度等进行测量。

(3)测:用仪器、仪表实地进行测量,如用接地电阻测试仪测量接地装置的接地电阻等。

(4)现场操作:由司机/操作工对各种限位装置进行实际动作,检验其使用设施、设备的安全装置的动作灵敏性和可靠性。

❷ 隐患排查的手段

隐患排查是城市轨道交通运营过程现场安全管理的重要内容。隐患排查的主要手段包括日常检查、定期检查、专业性排查、季节性检查、节假日检查、不定期检查和突击检查等。

三、隐患排查工作要求

城市轨道交通运营企业应该制定隐患排查工作方案,明确排查的目的、排查的范围、排查的方法和要求等,并按照方案开展隐患排查工作。

四、隐患原因分析

对于安全检查发现的安全隐患要进行原因分析，查找安全事故的危险源，是安全投入不到位、安全教育培训不足、还是安全质量不合格，或者是环境因素、管理因素等。对隐患原因进行分析之后，采取针对性的措施进行整改，并在以后的工作中不再犯此类错误。

五、隐患治理

对排查出的隐患分级后再按照不同隐患的特点有针对性地制定治理措施，做到整改措施、责任、资金、时限和预案五到位，如图 4-2 所示。

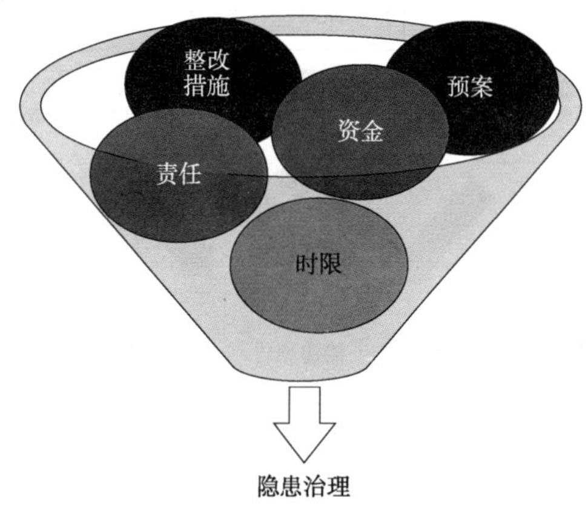

图 4-2 隐患治理的措施

❶ 一般隐患治理

对排查出的隐患要建立排查治理台账，进行动态治理。一般隐患应立即组织人员进行治理，在治理的同时仍可进行正常的施工生产,对一般隐患可以不制定书面的治理方案,也不必向政府部门备案,项目部自行建立并保存好相关档案资料即可。

❷ 重大隐患治理

重大隐患应建立重大隐患档案,并根据书面的治理方案进行治理。重大隐患档案包括隐患报告及隐患治理方案两个方面。

六、隐患报告

从业人员在发现重大事故隐患后,应当及时向所在地区负有安全生产监督管理职责的部门作出书面报告。书面报告应由本单位主要负责人签字。重大事故隐患报告内容,如图 4-3 所示。

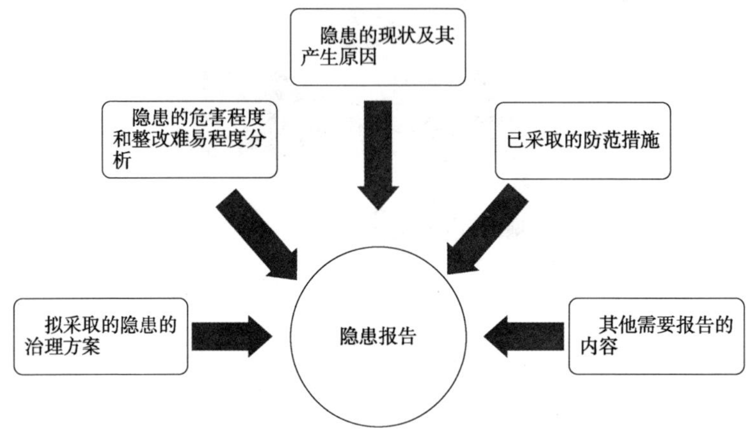

图 4-3　隐患报告的内容

一般采用书面形式(如表 4-4),特殊情况可采用口头报告。报告内容应包括报告时间、隐患地点、事故隐患内容、拟采取措施建议、报告人姓名等。

隐患报告登记表示例　　表 4-4

序号	隐患地点	事故隐患内容	拟采取措施建议	报告人签字	报告接收人签字	报告时间	整改情况

单位各班组进行的专业安全检查和各部门进行的安全检查中发现的事故隐患也应同时报告安全监督部门进行登记备案。安全隐患排查记录表示例见表 4-5 ~ 表 4-8。

安全隐患排查记录表示例 1　　表 4-5

排查项目		存在隐患或问题	整改措施或方案	整改责任人	限期完成时间	复查情况	复查人签字
安全生产责任落实情况	1. 是否明确了项目部负责人、安全管理人员安全生产责任						
	2. 是否明确项目部负责人、各部门安全生产责任并定期考核						
	3. 是否按规定配备了足够的专职安全管理人员						
	4. 是否制定了各工种安全技术操作规则						
目标管理	1. 是否制定了安全管理目标						
	2. 是否进行安全责任目标分解						
	3. 是否制定了责任目标考核规定						
	4. 是否有考核记录和结论						

续上表

排查项目		存在隐患或问题	整改措施或方案	整改责任人	限期完成时间	复查情况	复查人签字
安全投入	1. 是否严格执行了建立安全防护、文明施工措施费管理制度						
	2. 在施工组织设计中有否安全投入计划						
	3. 是否有安全措施费的使用情况						
	4. 是否按国家规定标准提取安全生产费用						
起重机械管理	1. 现场起重机构是否按规定办理了备案、告知、登记手续						
	2. 是否具有起重机械安装、拆卸工程专项施工方案						
	3. 是否建立了起重机械安全技术档案						
排查人：				排查日期：			

安全隐患排查记录表示例2 表4-6

排查项目		存在隐患或问题	整改措施或方案	整改责任人	限期完成时间	复查情况	复查人签字
施工组织设计	1. 是否有施工组织设计和安全专项方案						
	2. 是否按规定对施工组织设计和安全专项方案进行审批						
	3. 危险性较大的分部分项是否编制了专项施工方案						

续上表

排 查 项 目		存在隐患或问题	整改措施或方案	整改责任人	限期完成时间	复查情况	复查人签字
安全技术交底	1. 是否制定了安全技术交底制度						
	2. 是否全面正确对各分部分项进行了安全技术交底且有资料						
安全检查	1. 是否建立了项目部等各级生产检查制度						
	2. 是否对日常工程项目进行了安全生产检查						
	3. 是否建立了本项目安全生产专项整治自查台账						
	4. 是否对检查出的隐患按整改责任人、整改资金、按时整改等“五落实”原则进行整改						
重大隐患治理	1. 建立工程项目重大隐患台账						
	2. 对排查的重大隐患按规定上报						
	3. 针对台账中记录制定重大隐患整改方案						
	4. 按照整改责任人、整改期限、整改资金、监控措施、应急预案“五落实”要求进行整改						
安全教育	1. 制定安全教育培训制度						
	2. 建立安全教育培训档案						
排查人：				排查日期：			

安全隐患排查记录表示例3　　表4-7

排查项目		存在隐患或问题	整改措施或方案	整改责任人	限期完成时间	复查情况	复查人签字
安全教育	1. 是否严格进行了新入场工人的入场教育和班组教育						
	2. 是否严格执行了培训合格上岗制度						
重大危险源监控管理	1. 建立本项目重大危险源管理制度						
	2. 建立了本项目重大危险源管理台账						
	3. 对重大危险源定期检查监控						
	4. 按规定将监控情况定期向政府有关部门进行报告						
隐患救援	1. 是否针对本项目编制了应急救援预案						
	2. 有保障本项目应急救援工作需要的应急救援队伍或者人员						
	3. 有必需的应急救援器材、设备						
	4. 按规定对应急救援预案进行演练						
安全事故报告	1. 是否建立了安全生产事故报告制度						
	2. 是否建立了安全生产事故档案						

续上表

排查项目		存在隐患或问题	整改措施或方案	整改责任人	限期完成时间	复查情况	复查人签字
消防安全	1. 是否建立了消防安全管理制度						
	2. 是否落实了安全管理制度						
排查人：				排查日期：			

安全隐患排查记录表示例 4　　表 4-8

排查项目		存在隐患或问题	整改措施或方案	整改责任人	限期完成时间	复查情况	复查人签字
班前活动	1. 是否建立了班前活动制度						
	2. 是否按规定设置安全警示标志						
机具管理	1. 是否建立了防护用具、机械设备及配件验收、使用、维修、保养记录						
	2. 是否建立了防护用具、机械设备及配件						
安全标志	1. 是否建立了安全警示标志管理制度						
	2. 是否按规定设置安全警示标志						
特种作业	1. 特种作业人员是否经过培训						
	2. 特种作业人员是否持证上岗						

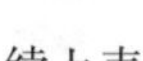

续上表

排查项目		存在隐患或问题	整改措施或方案	整改责任人	限期完成时间	复查情况	复查人签字
安全资料	1. 是否建立了安全资料档案管理制度						
	2. 安全资料是否安全、真实						
排查人：				排查日期：			

❼ 隐患信息档案的建立

安全管理部门应对各类人员查出的事故隐患进行登记，按照事故隐患的等级进行分类，建立事故隐患信息档案。

第五章　应急救援与事故处置

第一节　应急管理体系

一、应急救援的定义和基本任务

❶ 应急管理体系定义

应急管理体系是指国家层面处理紧急事务或突发事件的行政职能及其载体系统，是政府应急管理的职能与机构之和。加强应急管理体系建设，就要根据突发事件或危机事务，把握并设定应急职能和机构，进而形成科学、完整的应急管理体制。这里的应急救援体系是针对城市轨道运输的应急体系。

❷ 应急救援的基本任务

应急救援的总目标是通过有效的应急救援行动，尽可能降低事故的后果，包括人员伤亡、财产损失和环境破坏等。基本任务包括(图 5-1)：

1)抢救受害人员

抢救受害人员是应急救援的首要任务。立即组织营救受害人员，组织撤离或者采取其他措施保护车站、列车内的其他人员。在应急救援行动中，快速、有序、有效地实施现场急救与安全转送伤员，是降低伤亡率、减少事故损失的关键。由于重大事故发生突然、扩散迅速、涉及范围广、危害大,应及时指导和组织群众采取各种措施进行自身防护,必要时迅速撤离出危险区或可能受到危害的区域。在撤离过程中,应积极组织乘客开展自救和互救工作。

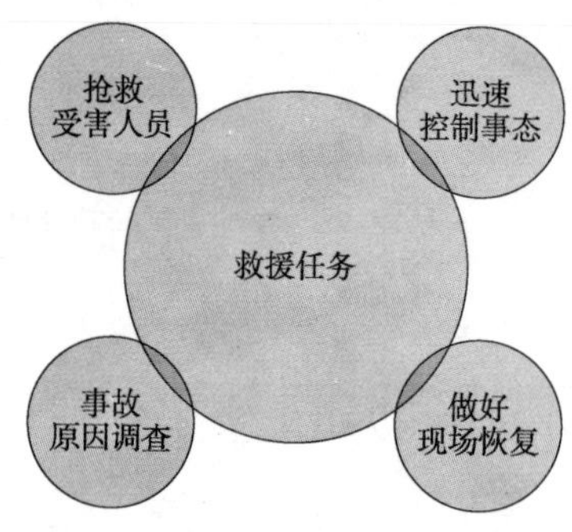

图5-1　应急救援任务

2)迅速控制事态

采取有效措施,迅速控制事态,并对事故造成的危害进行检测、监测,测定事故的危害区域、危害性质及危害程度。及时控制住造成事故的危险源是应急救援工作的重要任务。只要及时地控制住危险源,防止事故的继续扩展,才能及时有效地进行救援。

3)做好现场恢复

消除危害后果,做好现场恢复。针对事故对人、空气等造成的现实危害或可能的危害,迅速采取封闭、隔离、监测等措施,防止对人的继续危害和对环境的污染。及时清理现场和恢复基本设施,将事故现场恢复至正常运营时相对稳定的状态。

4)事故原因调查

查清事故原因,评估危害程度。事故发生后应及时调查事故的发生原因和事故性质,评估出事故的危害范围和危险程度,查明人员伤亡情况,做好事故原因调查,并总结救援工作中的经验和教训。

二、应急救援的特点

应急救援具有不确定性、突发性、复杂性和后果、影响易猝变、激化、放大等特点。

❶ 不确定性和突发性

不确定性和突发性是各类公共安全事故、灾害与事件的共同特征。大部分事故都是突然爆发，爆发前基本没有明显征兆，一旦发生，发展蔓延迅速甚至失控。因此，要求应急行动必须在极短的时间内在事故的第一现场作出有效反应，在事故产生重大灾难后果之前采取各种有效地防护、救助、疏散和控制事态等措施。

为保证迅速对事故作出有效的初始响应，并及时控制住事态，应急救援工作应坚持属地化为主的原则，包括建立全天候的昼夜值班制度，确保报警、指挥通信系统始终保持完好状态，明确各部门的职责，确保各种应急救援的装备、技术器材、有关物资随时处于完好可用状态，制定科学有效的突发事件应急预案等措施。

❷ 应急活动的复杂性

应急活动的复杂性主要表现在：事故、灾害或事件影响因素与演变规律的不确定性和不可预见的多变性；来自不同部门参与应急救援活动的单位，在信息沟通、行动协调与指挥、授权与职责、通信等方面的有效组织和管理；应急响应过程中乘客的反应和恐慌心理、乘客过急等突发行为的复杂性等。这些复杂因素的影响，给现场应急救援工作带来了严峻的挑战，应对应急救援工作中各种复杂的情况作出足够的估计，制定随时应对各种复杂变化的相应方案。

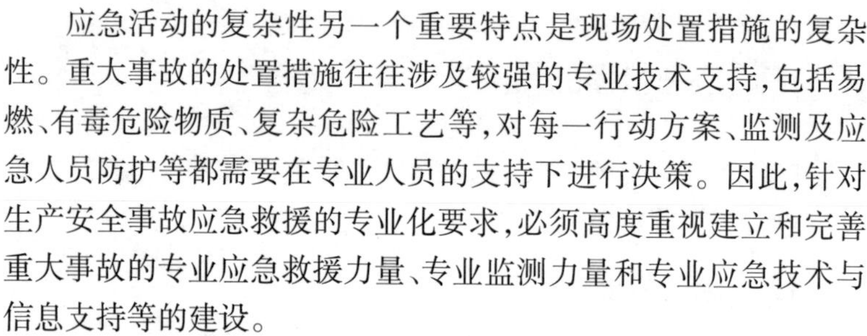

应急活动的复杂性另一个重要特点是现场处置措施的复杂性。重大事故的处置措施往往涉及较强的专业技术支持，包括易燃、有毒危险物质、复杂危险工艺等，对每一行动方案、监测及应急人员防护等都需要在专业人员的支持下进行决策。因此，针对生产安全事故应急救援的专业化要求，必须高度重视建立和完善重大事故的专业应急救援力量、专业监测力量和专业应急技术与信息支持等的建设。

❸ 后果、影响易猝变、激化和放大

公共安全事故、灾害与事件虽然是小概率事件，但后果一般比较严重，能造成广泛的公众影响，应急处理稍有不慎，就可能改变事故、灾害与事件的性质，使平稳、有序、和平状态向动态、混乱和冲突方面发展，引起事故、灾害与事件波及范围扩展，卷入人群数量和人员伤亡与财产损失后果加大，猝变、激化与放大造成的失控状态，不但迫使应急呼应升级，甚至可导致社会性危机出现，使公众立即陷入巨大的动荡与恐慌之中。因此，重大事故(件)的处置必须坚决果断，而且越早越好，防止事态扩大。

因此，为尽可能降低重大事故的后果及影响，减少重大事故所导致的损失，要求应急救援行动必须做到迅速、准确和有效。所谓迅速，就是要求建立快速的应急响应机制，能迅速准确地传递信息，迅速地调集所需的大规模应急力量和设备、物资等资源，迅速建立起统一指挥与协调系统，开展救援工作。所谓准确，要求有相应的应急决策机制，能基于事故的规模、性质、特点、现场环境等信息，正确地预测事故的发展趋势，准确地对应急救援行动和战术进行决策。所谓有效，主要指应急救援行动的有效性，这在很大程度上取决于应急准备的充分性，包括应急队伍的建设和训练、应急设备(施)、物资的配备与维护、预案的制定与落实以及有效的外部增援机制等。

三、应急处置机制

城市轨道交通应急处置机制，是指对城市轨道交通运营中发生的事故、故障、突发事件，能及时作出反应并采取有效措施，以尽快恢复正常运营秩序的相关组织机构、功能和相互关系。该机制包括反应和处理两方面。

(1)事故故障应急反应机制指相关部门对事故故障的探测和判断、信息的传递和决策、对乘客及外界信息的发布等功能、技术手段及相互关系。

(2)事故故障应急处理机制是相关部门对事故故障现场的处理、乘客的疏散以及外界对处理提供支持的功能、技术手段和相互关系。

反应机制要求建立运营信息的收集、处理、传递和发布系统。处理机制则要求建立相关的应急预案体系，保证一旦发生事故故障，能实现快速、有效的处理，使其造成的影响和损失最小化。反应机制和处理机制通过信息的传递和相互作用有机地结合。

城市轨道交通运营组织和管理有其自身的特点，建立应急处置机制应结合运营企业的机构设置及其分工，确定在事故故障状态下，各部门的职责范围以及应采取的措施。调度中心主要负责列车运行计划的编制和调整；客运分公司承担车站行车组织、客运组织、客运服务、车站管理、票务管理等工作；各专业分公司主要负责运营系统中相关设施设备日常的运用、维护、维修，以及突发事件的抢险、抢修。根据各自的职责，这些部门在运营和应急处置过程中分工协作，构成了应急处置机制的组织机构基础。在应急处置机制中，各个部门进行应急处置的过程应遵循如下原则：

(1)安全性原则。作为一种大运量的城市客运交通，在事故故障状况下，保证乘客的安全和方便出行是建立应急处置机制的前提。

（2）快速性原则。应急系统应能快速启动、快速运作，包括迅速地探测事故故障源、决策和执行方案、传输信息、下达和反馈指令等。

（3）有效性原则。主要包括应对事故故障有效、运行调控有效、手段措施有效等。

（4）部门协作原则。城市轨道交通运营涉及客运、调度、车辆等多个业务部门，在事故故障发生时，各部门应根据其职责分工协作。

事故故障发生时，运营管理部门应能通过闭路电视（CCTV）视频监测系统、列车自动监控系统（ATS）、火灾报警系统（FAS）、环境与设备监控系统（BAS）、自动售检票系统（AFC）等迅速作出反应，收集相应的事故故障及客流信息，并按照规定的流程、方法和时间要求保证信息在内部相关部门之间及时、准确、高效地传递，必要时能快速与外界（如公交、消防、公安等部门）联系并获得支持，同时通过列车和车站滚动显示屏及广播系统向乘客及时发布事故故障信息，引导乘客有序疏散。

事故故障处理涉及多个部门，包括初步排除、车站处置、分公司介入指挥、总公司介入指挥等阶段，包含列车救援、运行组织调整、设施设备抢修、客运组织和安全治安管理等方面的业务。应急处理机制必须遵循应急处置的相关原则，在此基础上建立完整的预案体系，为突发事件应急处置提供决策支持。

四、事故应急管理理论框架

突发事件应急管理应强调全过程的管理。突发事件应急管理工作涵盖了突发事件发生前、中、后的各个阶段，包括为应对突发事件而采取的预先防范措施、事发时采取的应对行动、事发后采取的各种善后措施及减少损害的行为，包括预防、准备、响应和恢复等各个阶段，并充分体现"预防为主、常备不懈"的应急理念。

应急管理是一个动态的过程，包括预防、准备、响应和恢复 4 个阶段。尽管在实际情况中这些阶段往往是交叉的，但每个阶段都有其明确的目标，而且每一阶段又是构筑在前一阶段的基础之上，因而预防、准备、响应和恢复的相互关联，构成了重大事故应急管理的循环过程。

❶ 预防

在应急管理中预防有两层含义：一是事故的预防工作，即通过安全管理和安全技术等手段，尽可能地防止事故的发生，实现本质安全；二是在假定事故必然发生的前提下，通过预先采取的预防措施，达到降低或减缓事故的影响或后果的严重程度，如加大建筑物的安全距离、工厂选址的安全规划、减少危险物品的存量、设置防护墙以及开展公众教育等。从长远看，低成本、高效率的预防措施是减少事故损失的关键。

❷ 准备

应急准备是应急管理工作中的一个关键环节。应急准备是指为有效应对突发事件而事先采取的各种措施的总称，包括意识、组织、机制、预案、队伍、资源、培训演练等各种准备。在《突发事件应对法》中专设了"预防与应急准备"一章，其中包含了应急预案体系、风险评估与防范、救援队伍、应急物资准备、应急通信保障、培训、演练、捐赠、保险、科技等内容。

应急准备工作涵盖了应急管理工作的全过程。应急准备并不仅仅针对应急响应，它为预防、监测预警、应急响应和恢复等各项应急管理工作提供支撑，贯穿应急管理工作的整个过程。从应急管理的阶段看，应急准备工作体现在预防工作所需的意识准备

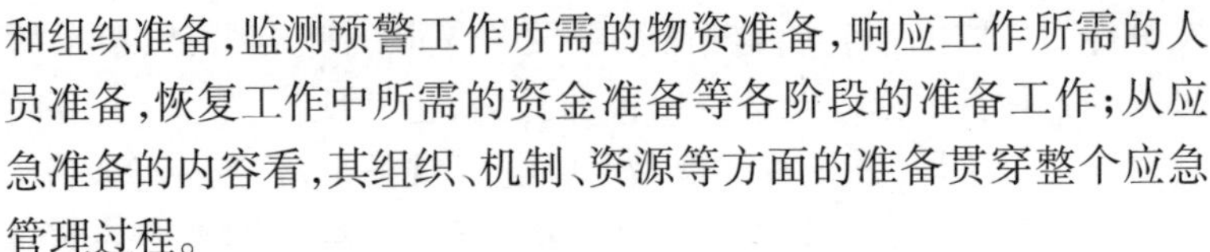

和组织准备，监测预警工作所需的物资准备，响应工作所需的人员准备，恢复工作中所需的资金准备等各阶段的准备工作；从应急准备的内容看，其组织、机制、资源等方面的准备贯穿整个应急管理过程。

❸ 响应

应急响应是指在突发事件发生以后所进行的各种紧急处置和救援工作。及时响应是应急管理的又一项主要原则。

《突发事件应对法》中规定了突发事件发生以后的应急响应工作要求，第四十八条规定：突发事件发生后，履行统一领导职责或者组织处置突发事件的人民政府应当针对其性质、特点和危害程度，立即组织有关部门，调动应急救援队伍和社会力量，依照本章的规定和有关法律、法规、规章的规定采取应急处置措施。

《突发事件应对法》第四十九条规定：自然灾害、事故灾难或者公共卫生事件发生后，履行统一领导职责的人民政府可以采取下列一项或者多项应急处置措施：

(1)组织营救和救治受害人员，疏散、撤离并妥善安置受到威胁的人员以及采取其他救助措施。

(2)迅速控制危险源，标明危险区域，封锁危险场所，划定警戒区，实行交通管制以及其他控制措施。

(3)立即抢修被损坏的交通、通信、供水、排水、供电、供气、供热等公共设施，向受到危害的人员提供避难场所和生活必需品，实施医疗救护和卫生防疫以及其他保障措施。

(4)禁止或者限制使用有关设备、设施，关闭或者限制使用有关场所，中止人员密集的活动或者可能导致危害扩大的生产经营活动以及采取其他保护措施。

(5)启用本级人民政府设置的财政预备费和储备的应急救援物资，必要时调用其他急需物资、设备、设施、工具。

(6)组织公民参加应急救援和处置工作,要求具有特定专长的人员提供服务。

(7)保障食品、饮用水、燃料等基本生活必需品的供应。

(8)依法从严惩处囤积居奇、哄抬物价、制假售假等扰乱市场秩序的行为,稳定市场价格,维护市场秩序。

(9)依法从严惩处哄抢财物、干扰破坏应急处置工作等扰乱社会秩序的行为,维护社会治安。

(10)采取防止发生次生、衍生事件的必要措施。

应急响应是应对突发事件的关键阶段、实战阶段,需要解决好以下几个问题:

(1)要提高快速反应能力。响应速度越快,意味着越能减少损失。由于突发事件发生突然、扩散迅速,只有及时响应,控制住危险状况,防止突发事件的继续扩展,才能有效地减轻造成的各种损失。经验表明,建立统一的指挥中心或系统将有助于提高快速反应能力。

(2)加强协调组织能力。应对突发事件,特别是重大、特别重大突发事件,需要具有较强的组织动员能力和协调能力,使各方面的力量都参与进来,相互协作,共同应对。

(3)要为一线应急救援人员配备必要的防护装备,以提高危险状态下的应急处置能力,并保护好一线应急救援人员。

❹ 恢复

恢复是指突发事件的威胁和危害得到控制或者消除后所采取的处置工作。恢复工作包括短期恢复和长期恢复。

短期恢复工作包括向受灾人员提供食品、避难所、安全保障和医疗卫生等基本服务。在短期恢复工作中,应注意避免出现新的突发事件。长期恢复的重点是经济、社会、环境和生活的恢复,包括重建被毁的设施和房屋、重新规划和建设受影响区域等。在

长期恢复工作中，应汲取突发事件应急工作的经验教训，开展进一步的突发事件预防工作和减灾行动。

五、应急救援体系构建

❶ 应急救援体系的基本构成

一个完整的应急体系应由组织体系、运作机制、法制基础和支持保障系统4个部分构成，如图5-2所示。

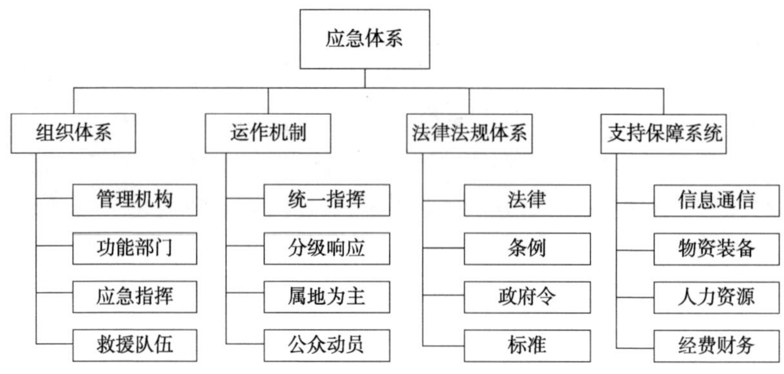

图5-2　应急救援体系基本框架结构

1）组织体系

组织体系是安全生产应急管理体系的基础，主要包括应急管理的领导决策层、管理与协调指挥系统以及应急救援队伍。应急救援体系组织体系建设中的管理机构是指维持应急日常管理的负责部门；功能部门包括与应急活动有关的各类组织机构，如消防、医疗机构等；应急指挥是在应急预案启动后，负责应急救援活动场外与场内指挥系统；而救援队伍则由专业和志愿人员组成。

2）运作机制

运行机制是安全生产应急管理体系的重要保障，目标是实现统一领导、分级管理，条块结合、以块为主，分级响应、统一指挥，资源共享、协同作战，一专多能、专兼结合，防救结合、平战结合，以及动员公众参与，以切实加强安全生产应急管理体系内部的应急管理，明确和规范响应程序，保证应急救援体系运转高效、应急反应灵敏、取得良好的抢救效果。

应急救援活动一般划分为应急准备、初级反应、扩大应急和应急恢复4个阶段，应急机制与这4个阶段的应急活动密切相关。应急运行机制主要由统一指挥、分级响应、属地为主和公众动员这4个基本机制组成。

统一指挥是应急活动的基本原则之一。应急指挥一般可分为集中指挥与现场指挥，或场外指挥与场内指挥等。无论采用哪一种指挥系统，都必须实行统一指挥的模式；无论应急救援活动涉及单位的行政级别高低还是隶属关系不同，都必须在应急指挥部的统一组织协调下行动，有令则行，有禁则止，统一号令，步调一致。

分级响应是指在初级响应到扩大应急的过程中实行的分级响应的机制。扩大或提高应急级别的主要依据是事故灾难的危害程度，影响范围和控制事态能力。影响范围和控制事态能力是“升级”的最基本条件。扩大应急救援主要是提高指挥级别、扩大应急范围等。

属地为主强调“第一反应”的思想和以现场应急、现场指挥为主的原则。

公众动员机制是应急机制的基础，也是整个应急体系的基础。

3）法律法规体系

法律法规体系是应急体系的法制基础和保障，也是开展各项应急活动的依据，与应急有关的法律法规主要包括由立法机关通过的法律、政府和有关部门颁布的规章、规定以及与应急救援活动直接有关的标准或管理办法等。

4）支持保障系统

支持保障系统是安全生产应急管理体系的有机组成部分，是体系运转的物质条件和手段，主要包括通信信息系统、培训演练系统、技术支持系统、物资与装备保障系统等。

构筑集中管理的信息通信平台是应急体系重要的基础建设。应急通信系统要保证所有预警、报警、警报、报告、指挥等活动的信息交流快速、顺畅、准确，以及信息资源共享；物资与装备不但要保证有足够的资源，而且还要实现快速、及时供应到位；人力资源保障包括专业队伍的加强、志愿人员以及其他有关人员的培育教育；应急财务保障应建立专项应急科目，如应急基金等，以保障应急管理运行和应急反应中各项活动的开支。

同时，应急管理体系还包括与其建设相关的资金、政策支持等，以保障应急管理体系建设和体系正常运行。

❷ 事故应急响应机制

重大事故应急应根据事故的性质、严重程度、事态发展趋势和控制能力实行分级响应机制，对不同的响应级别，相应地明确事故的通报范围、应急中心的启动程度、应急力量的出动和设备、物资的调集规模、疏散的范围、应急总指挥的职位等。典型的响应机制通常可分为 3 级。

1）一级紧急情况

必须利用所有有关部门及一切资源的紧急情况，或者需要各个部门同外部机构联合处理的各种紧急情况，通常要宣布进入紧急状态。在该级别中，作出主要决定的职责通常是紧急事故管理部门。现场指挥部可在现场作出保护生命和财产以及控制事态所必需的各种决定。解决整个紧急事件的决定，应该由紧急事故管理部门负责。

2)二级紧急情况

需要两个或更多个部门响应的紧急情况。该事故的救援需要有关部门的协作,并且提供人员、设备或其他资源。该级响应需要成立现场指挥部来统一指挥现场的应急救援行动。

3)三级紧急情况

能被一个部门正常可利用的资源处理的紧急情况。正常可利用的资源指在该部门权利范围内通常可以利用的应急资源,包括人力和物力等。必要时,该部门可以建立一个现场指挥部,所需的后勤支持、人员或其他资源增援由本部门负责解决。

❸ 事故应急救援响应程序

事故应急救援的响应程序按过程可分为接警、响应级别确定、应急启动、救援行动、应急恢复和应急结束等几个过程,如图5-3 所示。

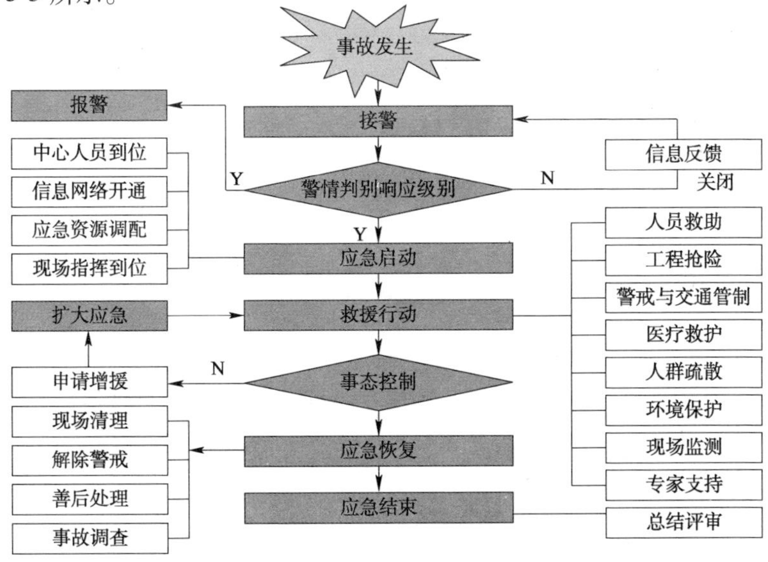

图 5-3　事故应急救援响应程序

1)警情判别响应级别确定

接到事故报警后,按照工作程序,对警情作出判断,初步确定响应级别。如果事故不足以启动应急救援体系的最低响应级别,则响应关闭。

2)应急启动

应急响应级别确定后,按所确定的响应级别启动应急程序,如通知应急中心有关人员到位、开通信息与通信网络、通知调配救援所需的应急资源(包括应急队伍和物资、装备等)、成立现场指挥部等。

3)救援行动

有关应急队伍进入事故现场后,迅速开展事故侦测、警戒、疏散、人员救助、工程抢险等有关应急救援工作,专家组为救援决策提供建议和技术支持。当事态超出响应级别无法得到有效控制时,则向应急中心请求实施更高级别的应急响应。

4)应急恢复

该阶段主要包括现场清理、人员清点和撤离、警戒解除、善后处理和事故调查等。

5)应急结束

执行应急关闭程序,由事故总指挥宣布应急结束。

六、应急管理

突发事件应急管理应强调全过程的管理。突发事件应急管理工作涵盖了突发事件发生前、中、后的各个阶段,包括为应对突发事件而采取的预先防范措施、事发时采取的应对行动、事发后采取的各种善后措施及减少损害的行为,包括预防、准备、响应和恢复等各个阶段,并充分体现“预防为主、常备不懈”的应急理念。

应急管理是一个动态的过程,包括预防、准备、响应和恢复

4个阶段。

第二节 应急预案

一、应急预案的定义

应急预案又可以称为应急计划，是为保证迅速、有序、有效地针对已发生或可能发生的突发事件开展控制与救援行动，尽量避免事件的发生或降低其造成的损害，依照相关的法律法规而预先制定的应急工作方案，主要解决“突发事件发生前做什么、事发时做什么、事发后做什么、以上工作谁来做”四个问题，是应对各类突发事件的操作指南。

二、编制应急预案的作用

(1)应急预案确定了应急救援的范围和体系，使应急管理不再无据可依、无章可循，尤其是通过培训和演练，可以使应急人员熟悉自己的任务，具备完成指定任务所需的相应能力，并检验预案和行动程序，评估应急人员的整体协调性。

(2)应急预案有利于作出及时的应急响应，降低事故后果，应急行动对时间要求十分敏感，不允许有任何拖延，应急预案预先明确了应急各方职责和响应程序，在应急资源等方面进行先期准备，可以指导应急救援迅速、高效、有序地开展，将事故造成的人员伤亡、财产损失和环境破坏降到最低限度。

(3)应急预案是各类突发事故的应急基础，通过编制应急预案，可以对那些事先无法预料到的突发事故起到基本的应急指导作用，成为开展应急救援的“底线”，在此基础上，可以针对特定事故类别编制专项应急预案，并有针对性地制定应急预案、进行专

项应急预案准备和演习。

(4)应急预案建立了与上级单位和部门应急救援体系的衔接,通过编制应急预案可以确保当发生超过本级应急能力的重大事故时与有关应急机构的联系和协调。

(5)应急预案有利于提高风险防范意识,应急预案的编制、评审、发布、宣传、演练、教育和培训,有利于各方了解面临的重大事故及其相应的应急措施,有利于促进各方提高风险防范意识和能力。

三、应急预案编制的依据

依据《突发事件应对法》《安全生产法》《生产安全事故报告和调查处理条例》《国家突发公共事件总体应急预案》《国家城市轨道交通运营突发事件应急预案》及相关法律法规等。

四、城轨应急预案编制应考虑的因素

(1)重大危险普查的结果(重大危险源、重大事故隐患等)。

(2)地质、气象、水文等不利自然条件及其影响。

(3)本地区以及国家和上级机构已指定的应急预案的情况。

(4)本地区以往灾难事故的发生情况。

(5)功能区布置及相互影响情况。

(6)周边重大危险可能带来的影响。

(7)国家及地方相关法律法规的要求。

五、事故等级及响应程序

❶ 事故等级划分

依据《国家城市轨道交通运营突发事件应急预案》,根据运营突发事件的严重程度和发展态势，将应急响应设定为Ⅰ级、Ⅱ级、Ⅲ级、Ⅳ级四个等级。分别对应为特别重大、重大、较大、一般运营突发事故。

(1)特别重大运营突发事件：造成30人以上死亡，或者100人以上重伤，或者直接经济损失1亿元以上的。

(2)重大运营突发事件：造成10人以上30人以下死亡，或者50人以上100人以下重伤，或者直接经济损失5000万元以上1亿元以下，或者连续中断行车24h以上的。

(3)较大运营突发事件：造成3人以上10人以下死亡，或者10人以上50人以下重伤，或者直接经济损失1000万元以上5000万元以下，或者连续中断行车6h以上24h以下的。

(4)一般运营突发事件：造成3人以下死亡，或者10人以下重伤，或者直接经济损失50万元以上1000万元以下，或者连续中断行车2h以上6h以下的。

上述分级标准有关数量的表述中，“以上”含本数，“以下”不含本数。

❷ 事故应急响应程序

初判发生特别重大、重大运营突发事件时，分别启动Ⅰ级、Ⅱ级应急响应，由事发地省级人民政府负责应对工作；初判发生较大、一般运营突发事件时，分别启动Ⅲ级、Ⅳ级应急响应，由事发地城市人民政府负责应对工作。对跨城市运营的城市轨道交通线路，有关城市人民政府在建立跨区域运营突发事件应急合作机制时应明确各级应急响应的责任主体。

❸ 应急响应措施

运营突发事件发生后，运营单位必须立即实施先期处置，全力控制事件发展态势。各有关地方、部门和单位根据工作需要，组织采取措施(图5-4)。

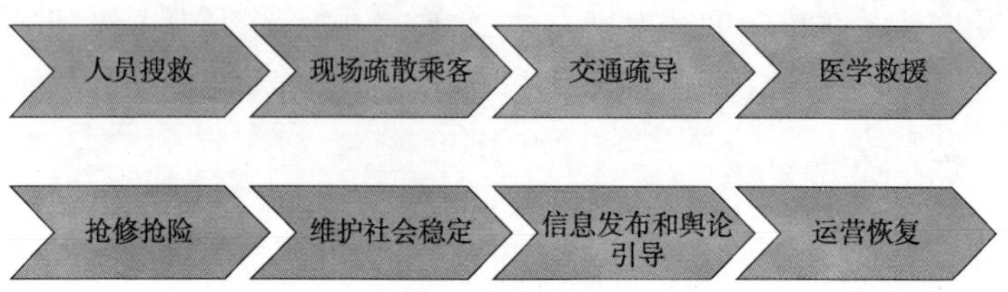

图 5-4　应急响应措施

六、应急预案中的保障措施

在应急预案中，要明确相应的应急保障措施，如图 5-5 所示。

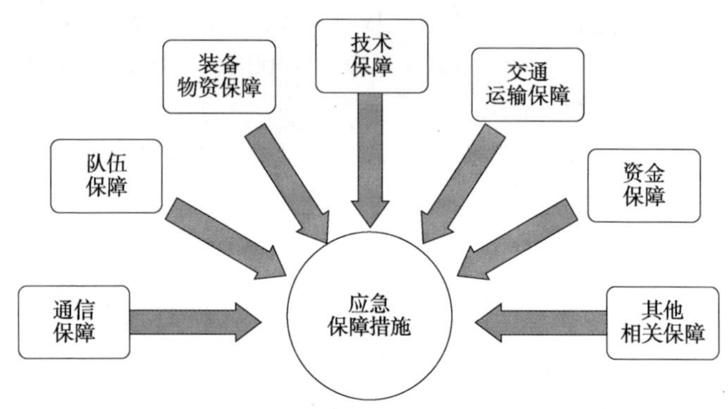

图 5-5　应急保障措施

七、应急预案的管理

应急预案编制完成后，要经过相关的专家进行评审，根据评审后的修改意见进行修改，同时对有关部门组织预案宣传、培训和演练，并根据实际情况，适时组织评估和修订。城市轨道交通所在地城市及以上地方人民政府要结合当地实际制定或修订本级运营突发事件应急预案。

八、应急预案的修订原因

(1)生产经营单位因兼并、重组、转制等导致隶属关系、经营方式、法定代表人发生变化的。

(2)生产经营单位生产工艺和技术发生变化的。

(3)周围环境发生变化,形成新的重大危险源的。

(4)应急组织指挥体系或者职责已经调整的。

(5)依据的法律、法规、规章和标准发生变化的。

(6)应急预案演练评估报告要求修订的。

(7)应急预案管理部门要求修订的。

第三节 应急演练

一、应急演练的定义、目的与原则

❶ 定义

在《生产安全事故应急演练指南》(AQ/T 9007—2011)中,应急演练是指针对事故情景,依据应急预案而模拟开展的预警行动、事故报告、指挥协调、现场处置等活动。

(1)综合演练:针对应急预案中多项或全部应急响应功能开展的演练活动。

(2)单项演练:针对应急预案中某项应急响应功能开展的演练活动。

(3)现场演练:选择(或模拟)生产经营活动中的设备、设施、装置或场所,设定事故情景,依据应急预案而模拟开展的演练活动。

(4)桌面演练:针对事故情景,利用图纸、沙盘、流程图、计算机、视频等辅助手段,依据应急预案而进行交互式讨论或模拟应急状态下应急行动的演练活动。

❷ 目的

(1)检验预案。发现应急预案中存在的问题,提高应急预案的科学性、实用性和可操作性。

(2)锻炼队伍。熟悉应急预案,提高应急人员在紧急情况下妥善处置事故的能力。

(3)磨合机制。完善应急管理相关部门、单位和人员的工作职责,提高协调配合能力。

(4)宣传教育。普及应急管理知识,提高参演和观摩人员风险防范意识和自救互救能力。

(5)完善准备。完善应急管理和应急处置技术,补充应急装备和物资,提高其适用性和可靠性。

(6)其他需要解决的问题。

❸ 原则

(1)符合相关规定。按照国家相关法律、法规、标准及有关规定组织开展演练。

(2)切合企业实际。结合企业生产安全事故特点和可能发生的事故类型组织开展演练。

(3)注重能力提高。以提高指挥协调能力、应急处置能力为主要出发点组织开展演练。

(4)确保安全有序。在保证参演人员及设备设施的安全的条件下组织开展演练。

二、应急演练的类型

根据应急演练的组织方式、演练内容和演练目的、作用等，可以对应急演练进行分类，目的是便于演练的组织管理和经验交流，如图5-6所示。

图5-6　城市轨道交通应急演练

❶ 按组织方式分类

应急演练按照组织方式及目标重点的不同，可以分为桌面演练和实战等。

(1)桌面演练。桌面演练是一种圆桌讨论或演习活动;其目的是使各级应急部门、组织和个人在较轻松的环境下，明确和熟悉应急预案中所规定的职责和程序，提高协调配合及解决问题的能力。桌面演练的情景和问题通常以口头或书面叙述的方式呈现，也可以使用地图、沙盘、计算机模拟、视频会议等辅助手段，有时被分别称为图上演练、沙盘演练、计算机模拟演练、视频会议演练等。

(2)实战演练是以现场实战操作的形式开展的演练活动。参演人员在贴近实际状况和高度紧张的环境下，根据演练情景的要求，通过实际操作完成应急响应任务，以检验和提高相关应急人

员的组织指挥、应急处置以及后勤保障等综合应急能力。

❷ 按演练内容分类

应急演练按内容可以分为单项演练和综合演练两类。

(1)单项演练。单项演练是指涉及应急预案中特定应急响应功能或现场处置方案中一系列应急响应功能的演练活动。注重针对一个或少数几个参与单位(岗位)的特定环节和功能进行检验。

(2)综合演练。综合演练是指涉及应急预案中多项或全部应急响应功能的演练活动。注重对多个环节和功能进行检验,特别是对不同单位之间应急机制和联合应对能力的检验。

❸ 按演练目的和作用分类

应急演练按其目的与作用,可以分为检验性演练、示范性演练和研究性演练。

(1)检验性演练。主要是为了检验应急预案的可行性及应急准备的充分性而组织的演练。

(2)示范性演练。主要是指为了向参观、学习人员提供示范,为普及宣传应急知识而组织的观摩性演练。

(3)研究型演练。主要是为了研究突发事件应急处置的有效方法,试验应急技术、设施和设备,探索存在问题的解决方案等而组织的演练。

不同演练组织形式、内容及目的的交叉组合,可以形成多种多样的演练方式,如单项桌面演练、综合桌面演练、单项实战演练、综合实战演练、单项示范演练、综合示范演练等。

三、应急演练的组织与实施

一次完整的应急演练活动要包括计划、准备、实施、评估总结和改进五个阶段。

计划阶段的主要任务：明确演练需求，提出演练的基本构想和初步安排。

准备阶段的主要任务：完成演练策划，编制演练总体方案及其附件，进行必要的培训和预演，做好各项保障工作安排。

实施阶段的主要任务：按照演练总体方案完成各项演练活动，为演练评估总结收集信息。

评估总结阶段的主要任务：评估总结演练参与单位在应急准备方面的问题和不足，明确改进的重点，提出改进计划。

改进阶段的主要任务：按照改进计划，由相关单位实施落实，并对改进效果进行监督检查。

❶ 计划

演练组织单位在开展演练准备工作前应先制订演练计划。演练计划是有关演练的基本构想和对演练准备活动的初步安排，一般包括演练的目的、方式、时间、地点、日程安排、演练策划领导小组和工作小组构成、经费预算和保障措施等。

在制订演练计划过程中需要确定演练目的、分析演练需求、确定演练内容和范围、安排演练准备日程、编制演练经费预算等。

1）梳理需求

演练组织单位根据自身应急演练年度规划和实际情况需要，提出初步演练目标、类型、范围，确定可能的演练参与单位，并与这些单位的相关人员充分沟通，进一步明确演练需求、目标、类型和范围。

（1）确定演练目的，归纳提炼举办应急演练活动的原因、演练要解决的问题和期望达到的效果等。

（2）分析演练需求，首先是在对所面临的风险及应急预案进行认真分析的基础上，发现可能存在的问题和薄弱环节，确定需加强演练的人员、需锻炼提高的技能、需测试的设施装备、需完善的突发事件应急处置流程和需进一步明确的职责等。

然后仔细了解过去的演练情况:哪些人参与了演练、演练目标实现的程度、有什么经验与教训、有什么改进、是否进行了验证。

(3)确定演练范围,是根据演练需求及经费、资源和时间等条件的限制,确定演练事件类型、等级、地域、参与演练机构及人数和适合的演练方式。

事件类型、等级:根据需求分析结果确定需要演练的事件。

地域:选择一个现实可行的地点,并考虑交通和安全等因素。

演练方式:考虑法律法规的规定、实际的需要、人员具有的经验、需要的压力水平等因素,确定最适合的演练形式。

参与演练的机构及人数:根据需要演练的事件和演练方式,列出需要参与演练的机构和人员,以及确定是否涉及社会公众。

2)明确任务

演练组织单位根据演练需求、目标、类型、范围和其他相关需要,明确细化演练各阶段的主要任务,安排日程计划,包括各种演练文件编写与审定的期限、物资器材准备的期限、演练实施的日期等。

3)编制计划

演练组织单位负责起草演练计划文本,计划内容应包括:演练目的需求、目标、类型、时间、地点、演练准备实施进程安排、领导小组和工作小组构成、预算等。

4)计划审批

演练计划编制完成后,应按相关管理要求,呈报上级主管部门批准。演练计划获准后,按计划开展具体演练准备工作。

❷ 准备

演练准备阶段的主要任务是根据演练计划成立演练组织机

构，设计演练总体方案，并根据需要针对演练方案进行培训和预演，为演练实施奠定基础。

演练准备的核心工作是设计演练总体方案。演练总体方案是对演练活动的详细安排。

演练总体方案的设计一般包括确定演练目标、设计演练情景与演练流程、设计技术保障方案、设计评估标准与方法、编写演练方案文件等内容。

演练应在相关预案确定的应急领导机构或指挥机构领导下组织开展。演练组织单位要成立由相关单位领导组成的演练领导小组，通常下设策划部、保障部和评估组；对于不同类型和规模的演练活动，其组织机构和职能可以适当调整。演练组织机构的成立是一个逐步完善的过程，在演练准备过程中，演练组织机构的部门设置和人员配置及分工可能根据实际需要随时调整，在演练方案审批通过之后，最终的演练组织机构才得以确立。

(1)演练领导小组。演练领导小组负责应急演练活动全过程的组织领导，审批决定演练的重大事项。演练领导小组组长一般由演练组织单位或其上级单位的负责人担任；副组长一般由演练组织单位或主要协办单位负责人担任；小组其他成员一般由各演练参与单位相关负责人担任。

(2)策划部。策划部负责应急演练策划、演练方案设计、演练实施的组织协调、演练评估总结等工作。策划部设总策划、副总策划，下设文案组、协调组、控制组、宣传组等。

(3)保障部。保障部负责调集演练所需物资装备，购置和制作演练模型、道具、场景，准备演练场地，维持演练现场秩序，保障运输车辆，保障人员生活和安全保卫等。其成员一般是演练组织单位及参与单位后勤、财务、办公等部门人员，常称为后勤保障人员。

第四节 应急装备

一、列车应急设备

当出现紧急情况时，乘客可以通过列车应急设备进行报警或自救。列车应急设备主要包括应急疏散门、紧急报警装置、灭火器、紧急开门装置等。

❶ 应急疏散门

应急疏散门安装于司机室左部顶的水平轴垂直向上开启，如图5-7所示。手动解锁后通过气簧执行机构机械动作，可推下专门的接近轨道的紧急梯。

图5-7 应急疏散门

当在运营区间发生故障时，司机可以通过前后的应急疏散门疏散乘客。通过该门，乘客可以快速、有序地疏导到隧道，进而进行逃生。

❷ 紧急报警装置

紧急报警装置安装在列车的车厢内。一般情况下，列车的每节车厢至少安装两个紧急报警装置，包括报警按钮和紧急对讲器，如图5-8所示。当车厢发生乘客冲突、人员伤害、火警等紧急状况时，乘客可以立即使用此装置通知驾驶员，以便驾驶员根据现场情况采取相关措施进行处理。

图5-8　紧急报警装置

❸ 灭火器

城市轨道交通列车是运送乘客的封闭大型载客工具。其一旦发生火灾，后果不堪设想。因此，在每节车辆里面均配备有灭火器（图5-9）。一般情况下，车辆内配备的灭火器，放置于车厢乘客底座下或车辆前后两端的专门设备内。当列车发生火灾初期

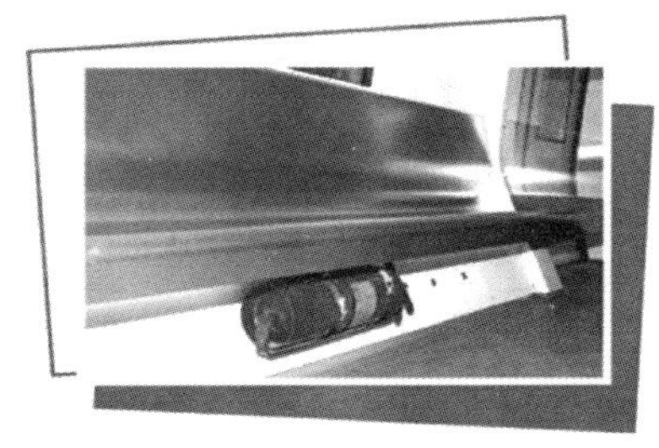

图5-9　灭火器

或较小火灾时，乘客可自行利用灭火器进行灭火，防止较大火情的出现。

❹ 紧急开门装置

在列车的每列车门上均安装有紧急开门装置（图5-10），其主要作用是列车在故障或紧急情况时，需要人工开门时使用。

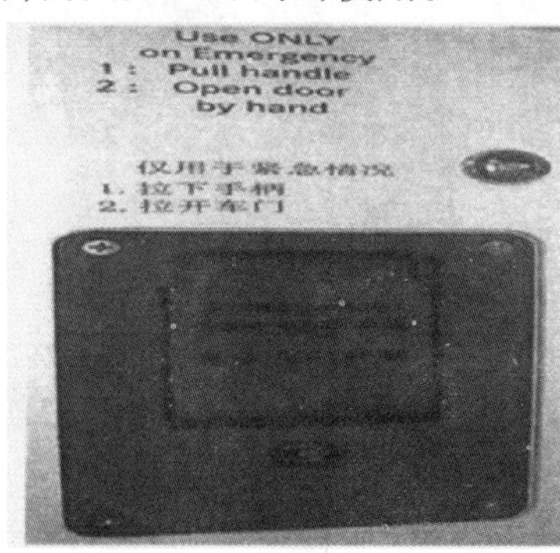

图5-10　紧急开门装置

在紧急事件中手动开门，每节列车每扇门内部提供一套进入紧急设备，每节列车提供两套从外部进入的紧急设备。

内部紧急设备是一个带锁的曲柄，可由乘客手动操作，也可由司机用方孔钥匙操作。

二、车站应急设备

车站应急设备分为车站机电设备应急装置和事故救援应急设备。

❶ 事故救援应急设备

1）呼吸器（图5-11）

车站应定期组织员工演练，掌握使用方法，定期进行检查，保证气瓶压力在规定允许使用的范围,压力不足及时向安全科通报,确保突发情况发生时能够正常使用。

图 5-11　呼吸器

2)逃生面具

车站所有员工必须掌握其使用方法。车站每岗一具,随岗配发,随岗交接,各岗主岗人员负责保管并定期检查逃生面具真空包装的完好情况。有不符合标准的,及时报安全保卫科。

3)应急灯

应急灯存放于各岗位,车站要定期检查应急灯的性能,按使用说明及时进行充电,专人管理建立充电登记制度,确保做到随取随用,如图 5-12 所示。

图 5-12　应急灯

4)担架

担架统一放置于车站行车值班室,指定专人保管。

5)存尸袋

存尸袋统一放置于车站行车值班室,指定专人保管。

6)便携式扶梯

便携式扶梯放置于车站行车值班室和行车副室,指定专人保管。

7)湿毛巾

当车站发生火灾、生化恐怖袭击时,用于分发给乘客使用。湿毛巾分别存放于车站售票室和行车值班室。

8)抢险锤

抢险锤统一放置于车站行车值班室,指定专人保管。

9)防汛铁锹

防汛铁锹统一放置于车站仓库,指定专人保管。

10)挡水板

挡水板统一放置于车站仓库,指定专人保管。

车站应急抢险器材要由专人保管,不得随意挪作他用,当出现故障、损坏或数量不足时应立即上报有关部门,如因人为因素导致器材出现故障、损坏或数量不足必须由肇事者照价赔偿。

地铁站内的防爆设备、防汛物资,如图 5-13、图 5-14 所示。

图 5-13　地铁站内的防爆设备

图 5-14　地铁站内的防汛物资

❷ 车站机电设备应急装置

车站机电设备应急装置主要有：火灾紧急报警器、自动扶梯紧停装置、紧急停车按钮、屏蔽门紧急开关等。其安装位置和数量均根据不同的城市轨道交通系统建设的要求而有所不同，且各类应急设备的启用时机不同，但必须在发生危机列车行车安全或危及人身安全的紧急情况下使用。

第五节　事故处置

一、事件等级

根据《交通运输部办公厅关于做好〈国家城市轨道交通运营突发事件应急预案〉贯彻落实工作的通知》中对城市轨道事件进行分级，事件分级标准见本书第一章第八节相关内容。

二、事故报告程序和内容

❶ 事故报告的程序

车站及运营线路上发生突发事件后的请示报告工作，是降低各类损失、减少事故影响、缩短救援时间的重要环节，全体员工必须对此高度重视。

突发事件报告要求：

(1)地铁运营场所发生突发事件的上报应坚持迅速、准确、逐级上报，公司内部、上级领导及协作单位并举的原则。

(2)车站内发生突发事件时，车站员工应立即报告当值值班站长。值班站长接报后应立即将相关情况转报行车调度员。

(3)列车运行中发生突发事件时，列车驾驶员应立即报告行车调度员。

(4)施工及工程作业过程中发生突发事件时，作业人员应立即报告施工作业负责人，施工作业负责人在接到报告后应立即报告行车调度员及属地负责人。

(5)如现场需要公安、消防、医疗急救等救援，且因故无法联系行车调度员时，现场人员可自行联系。

❷ 事故报告内容

现场情况的报告应包括下列事项：

(1)报告人姓名、职务及联系电话。

(2)事发的时间(时、分)，事发的准确地点(上下行线路、区间、百公尺标、公里标或股道、站台头尾端位置)。

(3)发生事件列车所在位置及当时车上乘客的大致数量。

(4)人员伤亡情况。

(5)是否有设备损坏及损毁程度，所需的工程援助。

(6)事件对正常运营的影响。

(7)现场已经采取的行动。

(8)是否需要公安、消防及急救支援。

(9)是否需要接触轨停电处置及原因。

(10)事件原因或故障特征(如已判别)。

现场情况一时难以判断清楚时,应遵循“先报整体情况,然后继续确认,随时报告”的原则。如发现已经报告的内容有误时,应立即予以更正。

在迅速报告的基础上,对现场情况及处置过程应随时报告。

履行报告程序时应避免对其他作业的影响。遇有处置预案未尽事宜时,应边请示报告边本着尽力保证安全、尽量减少损失、尽快恢复运营的原则开展处理工作。

在突发事件处理过程中,有关人员必须坚守岗位,加强监护,及时掌握并报告各类相关信息,严禁擅自离开指定岗位。

三、事故原因分析和倒查

针对产生的安全生产事故进行原因分析和责任倒查,按照“四不放过”原则对相关人员进行教育、追责。

分析原因之后要引以为戒,加强薄弱环节的监管,减少或者杜绝类似事件的发生。

(1)突发事件发生后,各有关部室、分公司要立即派人前往事件现场参与调查。在公司有关领导到达事件现场前,现场组织者要负责保护现场,勘察现场,查找事件见证,保存可疑物证,查找事件线索及原因,并做好记录,待公司领导到达后如实汇报。

(2)对非刑事案件的突发事件,由安全监督部门负责组织对事件现场进行全面勘察和调查工作。

①查看现场、绘制现场图,拍摄照片或录像。

②对当事人及关系人分别进行询问调查，并做好记录，由本人签字后收存。调查询问后令其写出书面材料签字后收存。

③查看、收取各种有关记录、表报、录音磁带等资料。

④有必要时请公安机关对事件当事人和关系人进行隔离保护。

⑤各有关部室到达事件现场后，由安全监督部门负责组织，并按下列分工开展事件调查工作。

A. 车辆检修部门：负责对机车车辆进行检查，详细记录机车车辆损坏情况，各种开关、手柄、操作按钮、保险等现场状态，并将检查情况报安全监督部门。

B. 设备检修部门：负责对供电、机电、通信、信号、线路设备进行检查，详细记录各种设备损坏情况，各种开关、手柄、操作按钮、保险等现场状态，并将检查情况报安全监督部门。

C. 运营管理部门：负责对乘客伤亡情况、列车载客情况、行车值班室控制台的状态进行检查，并做好记录。对行车值班员、有关站务员调查了解事件情况，对乘客反映的情况及目击者进行调查，做好记录，并报安全监督部门。

D. 调度中心：负责对行车调度、电力调度的指挥情况进行检查，收集调度命令记录，并报安全监督部门。

E. 安保部门：负责对现场证据的保护，配合公安机关做好调查取证工作。

(3)对火灾、毒气、爆炸等涉及刑事案件的突发事件，由公安机关负责对事件现场按公安工作程序进行全面勘察和调查，安全监督部门、安保部门及有关部室配合公安机关做好有关部门。

四、事故处理

地铁突发事件的处理一般应遵循如下原则：

(1)坚持高度集中、统一指挥、逐级负责的原则。

(2)坚持“先救人,后救物;先全面,后局部”的原则,优先组织人员疏散、伤员抢救,同时兼顾重点设备和环境的保护,将损失降至最小。

(3)坚持就近处理的原则。突发公共事件发生时,在上一级应急处理负责人到达现场前,员工按表5-1的规定担任现场临时应急处理的负责人;在上一级应急处理负责人到场后,则由上一级应急处理负责人担任现场指挥。

突发事件现场临时负责人　　表5-1

序号	发生处所	现场临时负责人
1	列车上(列车在区间)	本列车驾驶员
2	列车上(列车在车站)	所在站值班站长
3	车站	所在站值班站长
4	区间线路	行车调度员指定的值班站长
5	车场	车场调度
6	其他场所	现场职务最高的员工

(4)员工反应要迅速,做到早发现、早报告、早控制。

(5)员工在突发事件应急处理过程中应兼顾现场保护工作,以利于公安、消防和事件调查部门的现场取证。

(6)坚持对外宣传归口管理的原则,不得擅自发布相关信息。

五、事故调查报告的内容

事故调查报告应当包括下列内容:

(1)事故发生单位概况。

(2)事故发生经过和事故救援情况。

(3)事故造成的人员伤亡和直接经济损失。

(4)事故发生的原因和事故性质。

(5)事故责任的认定以及对事故责任者的处理建议。

(6)事故防范和整改措施。

第六章　典型事故案例分析

伦敦地铁错排进路造成延误事故

❶ 事件回放

2009 年 4 月 29 日 23 点 09 分，伦敦地铁 73 列车驶离伯爵宫地铁站，车上乘客大约 150 人，按照当晚计划，此列车以肯辛顿高街站为终点站。在接近终点站的 ED23 信号机时，司机发现列车进路被错误排列到 2 号站台，而没有被排列到终点站站台(3 号站台或 4 号站台)，如图 6-1 所示。列车紧急停车，但是已驶过信号机。司机联系行车调度员，列车被授权向反方向退行一小段距离，退回到 ED23 信号机的接近侧。列车向伯爵宫站方向退行，但由于司机的操作问题，未能在授权范围内停下(ED171 信号机)。由于沟通困难(司机听不清无线电台)，在切断牵引电流后列车最终停下，此时列车已经越过 ED171 信号机约 140m。行车调度员通知车站人员前往协助事故列车。到达列车后，车站人员发现通信设备(手台)无电无法使用。车站人员打算使用信号机旁的区间电话进行联系，但由于对现场不熟悉，花费了很长时间来寻找位置。同时，车站人员在从司机室下车时膝盖受了轻伤。最后造成延误 67min。

❷ 事故原因

这个事故主要由于人为失误造成的，从行车调度员到司机、站务,均出现了错误。事故的发生往往不是由于单一环节出错,而是由于环环都出现了失误,才酿成事故,造成损失甚至伤亡。

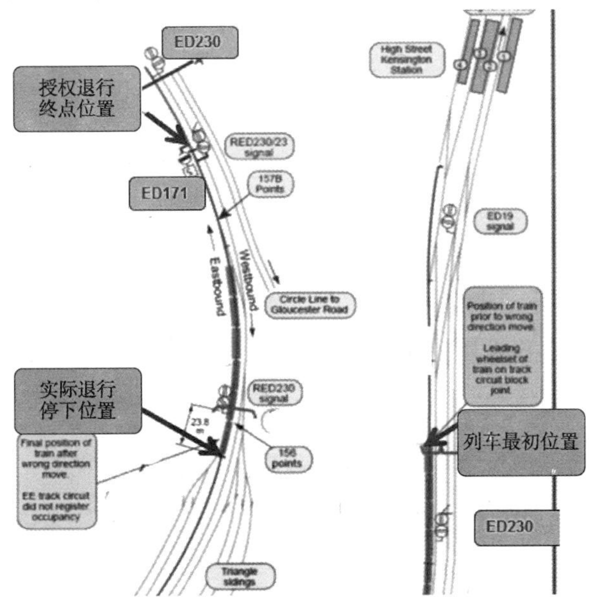

图 6-1 事故现场图

(1)调度员错误排列进路是事故的初始原因,此时列车司机及时发现并停车,避免出现相撞事故,司机的处理没有问题,但未能在信号机前停车。

(2)列车司机在退行的过程中没有退行到指定位置,而是退行退过了,将事件进一步复杂化。

(3)站务人员在协助的过程中对设备、环境的不熟悉、使用的掌握不到位,使得延误时间加长。

❸ 经验教训

此事故的经验教训如下:

(1)行车调度员疏忽大意,工作认真度欠缺,造成了错误排列进路。

(2)司机、行车调度员、站务业务素质均欠缺,对于基本应掌握的操作、熟悉的环境、设备的检查和使用均存在问题。

(3)各部门管理问题突出,没有在日常检查中及时发现人员的业务缺失,造成事故。

罗马地铁列车追撞事故

❶ 事件回放

A 线与 B 线是罗马的两条地铁线路,如图 6-2 所示,由 Metropolitana di Roma S. p. A. 经营。A 线于 1980 年启用,路线长 18.425km,共 27 个车站,每日运量为 450000 人次,高峰行车间隔

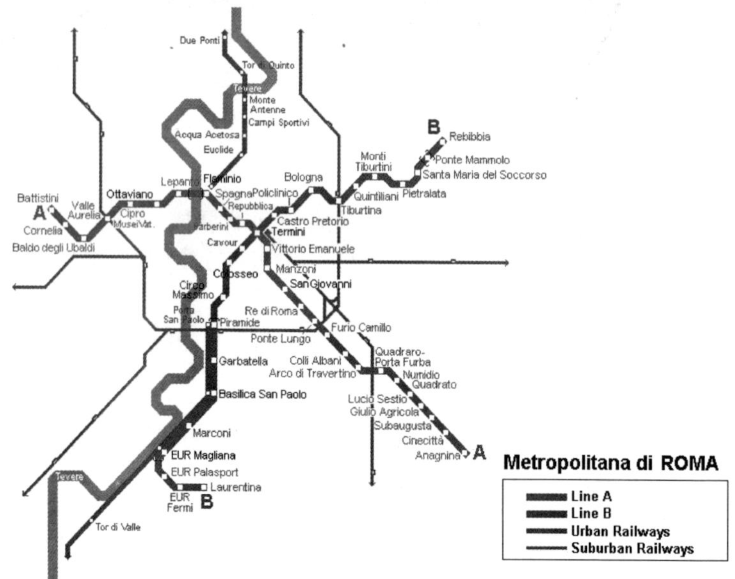

图 6-2 罗马地铁线路图

为 3min30s。B 线于 1955 年启用,路线长 18.151km,共 22 个车站,每日运量为 300000 人次,高峰行车间隔为 4min。两条线路允许的最大运行速度为 90km/h。

2006 年 10 月 17 日罗马时间上午 9 时 37 分,一列地铁 A 线列车异常驶入维托·艾曼纽二世(Vittorio Emanuele)车站,追撞停靠站台的另一列列车,致使被撞击的列车最后一节车厢与从后驶来的列车第一节车厢连在一起,两列车损毁变形,其中后方列车的第一节车厢残骸卡进前方列车尾部达 3m。许多旅客被夹在扭曲的车厢间,现场烟雾弥漫、照明缺失,如图 6-3 所示。

a)

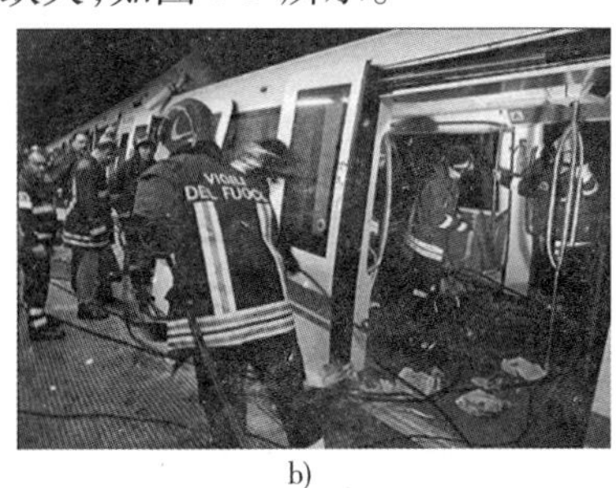

b)

图 6-3　事故现场

事故造成 1 人死亡, 约 110 人受伤,其中 6 人伤势较重,死亡乘客与伤势较重人员皆位于前列车的最后一节车厢内。

❷ 事故原因

事后罗马地铁立即展开了调查,有关调查结果及事故原因分析如下:

(1)受损两列车皆为上线不到一年的新车,目前尚无机件故障迹象。基本排除因车辆故障导致事故发生。

(2)根据肇事列车司机与调度中心的联系记录,地铁公司人员表示,司机是接获调度中心指示后越过红灯继续前进的。当运量较大时,行车调度员可以做此授权,司机被授权保持警觉,以最

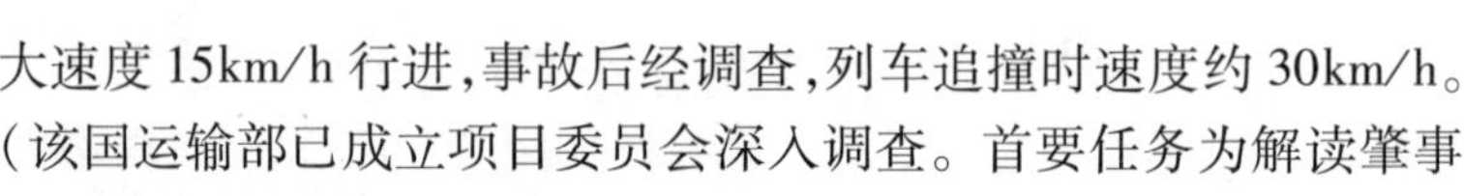

大速度 15km/h 行进，事故后经调查，列车追撞时速度约 30km/h。(该国运输部已成立项目委员会深入调查。首要任务为解读肇事列车行车记录器数据。最后详细结果，未作公开说明。)

❸ 经验教训

这是一起典型的人为原因引起的行车事故。主要原因就是司机和行车调度员都没有对行车工作有高度的重视，违章作业、安全意识不强。

(1)司机没有遵循非正常行车的规定、超速行驶，属严重违章行为，并且在行车过程中没有加强瞭望，也没有及时与调度中心保持联系是造成这起事故的主要原因。

(2)这起事故的发生，行车调度员也有不可推卸的责任，作为行车调度员没有对非正常情况下行驶的车辆加强监控，并及时开放正确的行车信号和道岔，导致列车发生追撞。

案例三 美国南马萨诸塞湾地铁相撞事故

❶ 事件回放

2007 年 1 月 9 日上午 9 时 45 分，南马萨诸塞湾地铁克劳福德(Crawford)至温彻斯特(Winchester)之间(图 6-4)的 2 号轨道区域需更换枕木，行车调度员授权维修工作人员可在此施工至 15 时。工作队将轨道维修车开往更换枕木的工作区域，并设置瞭望员，瞭望员负责瞭望并警示工作队。此时，另外一队施工队的1 名轨道巡检人员在检查轨道，并申请使用轨道检查车通过此区域。行车调度就此事与更换枕木的施工负责人达成一致，准许其通过。轨道巡检开始于中午，此时更换枕木的轨道维修队已离开去吃午饭。12 时 46 分，轨道巡检员到达温彻斯特(Winchester)，向行车调度申请并获得进入前方轨段温彻斯特(Winchester)至索梅维(Somerville)的权限,离开了更换枕木的维修区域。当轨道巡检员越过索梅维尔(Somerville)道岔时,告知行车调度他已离开了温彻斯特(Winchester)至索梅维尔(Somerville)轨段。

图 6-4 事故地点图

13 时 30 分,根据调度系统记录,行车调度取消了克劳福德(Crawford)至温彻斯(Winchester)之间的轨道占用(注:此时只是轨道巡检员完成工作,维修人员还将继续进行枕木更换工作,但行车调度员忽略了)。13 时 32 分,行调开放克劳福德信号允许一列南下的 322 列车由克劳福德运行至温彻斯特。13 时 38 分,322 列车看到轨道维修车及施工人员后紧急制动,但最终相撞。

轨道维修车因冲撞向前移动了 210ft❶,322 列车未脱轨。在轨道车上或附近工作的 6 名维修工人,其中 2 人死亡、2 人严重受

❶ 1ft = 0.3048m。

伤，总损失 560840 美元，如图 6-5 所示。

图 6-5　事发现场

❷ 事故原因

本次事故系人为原因造成，分析各方的职责及在本事故中的表现，总结原因如下：

(1)行车调度在维护人员还在轨道内的情况下错误解除了轨道占用。

(2)维护工作人员没有放置相关信号装置以保护工作队。维护人员普遍认为只在大工程时才放置信号保护装置。

西班牙瓦伦西亚地铁列车出轨事故

❶ 事件回放

瓦伦西亚地铁的 4 条地铁线(Line1、3、4、5)，共 116 个车站，134km(地下段 19km)，2005 年年运量为 6000 万，日运量为 165000 人次。事故路线 1 号线(Line1)于 1988 年 10 月通车，(路线长 7km)，是瓦伦西亚地铁路网最旧的路线。

2006年7月3日(星期一)西班牙当地时间下午1时,西班牙东部城市瓦伦西亚地铁1号线,一列由西班牙广场站(Plaza de Espana)驶往耶稣站(Jesus)的列车于接近耶稣站前的曲线段隧道内出轨,4节车厢中有2节脱离轨道,至少41人死亡(包括司机,其中有30位是女性),47人受伤,约150人从隧道与车站疏散,疏散耗时30min。事故现场如图6-6所示。

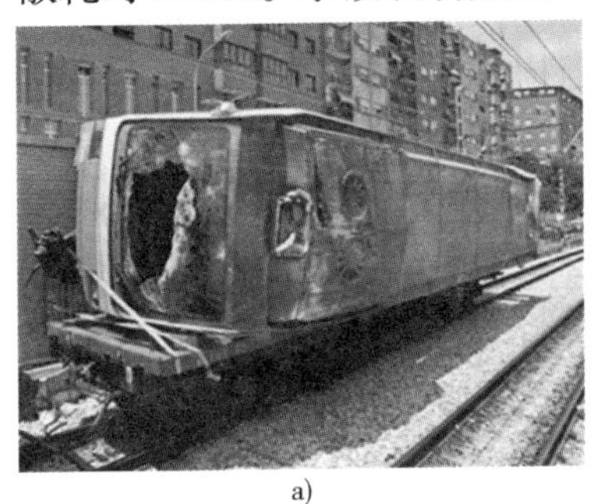

a)

b)

图6-6　事故现场图

❷ 事故原因

列车"黑盒子"记录显示,列车在即将进入耶稣站前的曲线路段速度高达80km/h(该路段限速为40km/h)。因司机已死亡,官方推测,司机在事发前可能失去知觉(可能为昏迷或心脏病发作)。当地运输官员表示,初步已排除隧道崩塌或列车车轮破损的因素。事故列车司机于当年4月开始担任司机工作,缺乏驾驶经验和安全意识。

❸ 经验教训

这也是一起典型的人为原因引起的行车事故。主要原因就是管理部门未对司机的状态进行监督,司机缺乏安全意识,违章超速,紧急情况下未能作出快速的处理。

(1)管理部门未对司机的身体状况进行监督,列车行驶过程

中司机出现昏迷或病发,引发事故。

(2)司机没有按照非正常行车的规定速度行驶,属严重违章行为,是造成这起事故的主要原因。

案例五 日本铁道公司列车出轨事故

❶ 事件回放

2005 年 4 月 25 日日本时间上午 9 时 20 分,日本兵库县尼崎市,西日本铁道公司福知山线冢口到尼崎车站之间的一处弯道(曲率半径约 300m),一列隶属西日本铁道公司的通勤电车,在此处(限速 70km/h)的急转弯处出轨,冲入距出轨点 60m 远与轨道距离 6m 的一栋九层楼公寓内,两节车厢严重扭曲变形,车上乘客死伤惨重,酿成日本铁路史最严重的事故,如图 6-7 所示。

a)

b)

图 6-7 事故现场图

事故列车共搭载约 580 名乘客,造成 106 人死亡,458 人轻重伤,为日本铁路史上最严重的事故。

❷ 事故原因

引发事故的原因可能包括驾驶员人为因素、轨道因素。出事路段的轨道上发现粉碎痕，疑似车轮碾过碎石的痕迹，也可能有人在铁轨上放石头或硬物（日本曾有孩童在铁轨上放置石块致列车出轨案例）。铁轨弯道段无护轨装置也可能是导致出轨的原因。

出轨地点的限速为 70km/h，而事故列车当时的行驶速度达 100km/h（从列车数据记录），且事故发生的列车信号控制系统属于比较旧的形式，列车超速行驶不会自动制动保护。

事发前，该列车在伊丹站停靠超过预定停车位置 40m，司机将列车后退并开门让乘客上下车，列车延误 1min30s。司机有可能为赶时间而超速行驶，在弯道处可能为减速而紧急制动，造成车厢失去平衡最终出轨。

据专家表示，事发地点弯道行驶速度需达 133km/h 以上才有可能出轨，故不排除尚有其他原因同时存在。

驾驶员时年 23 岁，于 2004 年 5 月才取得电车驾驶执照，驾驶经验较为不足。过去有多起不良记录，包括实习期间有 3 次被处分记录，2004 年 6 月违规后接受 13 天的“再教育”、通过评估与心理测验后才复职，见表 6-1。

驾驶员不良记录　　表 6-1

时　间	担任职务	不 良 记 录	处分情形
2002 年 5 月	实习车长	超越停车线，却未拉下紧急制动	申诫
2003 年 8 月	车长	值勤时打瞌睡，经乘客检举	记严重警告
2004 年 6 月	电车司机	靠站时超越停止线达 100m	记一次申诫

❸ 经验教训

这也是一起典型的人为原因引起的行车事故。主要原因是司机在驾驶工作中技能欠缺、安全意识不够，在操作上违规。

（1）司机经验不足，驾驶技能欠缺，在事故前没能准确停车对标，以致后退再开门造成晚点。

(2)司机在由于自身原因造成晚点后,弃安全为不顾,超速驾驶是造成这起惨烈事故的直接原因。

 韩国大邱地铁火灾事故

❶ 事件回放

2003 年 2 月 18 日上午 9 时 55 分左右,韩国东部著名的纺织服装城市大邱市,第 1079 号地铁列车的第三节车厢里一名 56 岁的男子将手提包里一个装满易燃物的绿色塑料罐点燃。车内的几名乘客立即上前阻止,但未成功。整节车厢燃起了大火,并冒出浓烟。3 号车厢起火后,火势转眼之间蔓延到整列六节车厢。

在 1079 号地铁列车迅速燃烧时,地铁调度员仍允许对面的另一辆列车 1080 号进站。在地铁断电的情况下,列车不能行驶,1080 号列车在无法开门的情形下也随即燃烧起来,驾驶员没有采取任何果断措施疏散乘客,仍请示调度如何处理。在事故发生 5min 后,调度居然下达"允许 1080 号车出发"的指令。这次火灾事故伤亡惨重,共造成 198 人死亡。

据后续调查,最先着火的是一组六节列车,载有乘客约 400 人。另一组相反方向驶来的列车也是一组六节列车,载有乘客也约 400 人。后进站的这组列车的驾驶员因为害怕有毒气体进入车厢而没有及时打开车厢门疏散乘客。等再想打开列车的车门时,电力被切断了,导致全体乘客都被关在了黑暗的车厢内。一些车厢的乘客找到了应急装置,用手动方式打开了车门得以逃生,但是许多车门一直未被打开。第一组列车的车厢门是开着的,所以乘客可以及时逃出去,但第二组列车的车门却是紧闭的。大多数死者是第二组列车上的乘客。

事故发生后,大邱市派出 3000 多人和 66 辆消防车、数辆救护

车赶赴现场，但由于地铁车站现场浓烟笼罩和高温，抢救工作遇到了极大困难。经过三个多小时的战斗，人们才控制住了地铁隧道内的火势，抢救出来140多名乘客，并紧急送到附近各大医院。事故现场，如图6-8所示。

a)

b)

图6-8　事故现场图

当地电视台播放的画面显示，滚滚黑烟不断从起火的中央路地铁站冒出，烟雾飘散到大街上，并迅速在市中心弥漫开来。佩戴呼吸器、身穿橙色消防服的消防人员用担架往外运送伤员，浓重的黑烟使他们步履蹒跚。抢救中消防队员们抬出来31具尸体，但在灭火后救援人员又在车厢里发现了近百具尸体，有的遇害者烧得只剩下了骨架，现场惨不忍睹。

❷ 事故原因

大邱市地铁全长28.3km，1997年投入运行，每天运送乘客14万多人次。这次火灾是有人故意纵火而造成的，火灾发生时两列地铁列车上共有约800名乘客，但为什么造成了如此严重的伤亡呢？韩国专家们认为，是多种原因导致了此次灾难。

据韩国专家和媒体的分析，当时韩国地铁大致存在三个方面的问题：首先是设备方面的隐患，车站和车厢内安全装置不足。韩国的地铁车站内虽然安装了火灾自动报警设备、自动淋水灭火装置、除烟设备和紧急照明灯，但是这些安全装置在对付严重火灾时仍明显不足，尤其是自动淋水灭火装置。由于车厢上方是高压线，为了防止触电，车厢内均没有安装这种装置。因此，此次大邱市地铁发生大火时，无法尽早扑救。车站断电后，四周一片漆黑，紧急照明灯和出口引导灯均没有闪亮。此外，车站内的通风设备容量不大，只能保障平时的空气流通，难以排除大量的浓烟。车厢内的座椅、地板等虽然采用耐燃材料，一旦燃烧起来仍会散发出大量有毒成分。韩国媒体报道说，火灾的死亡者中有许多是在跑出车厢后找不到出口而被含有有毒成分的浓烟窒息而死的。

另外，行车调度员和司机对第二列列车的处置不当，是造成死伤人数加倍的主要原因。在第一列列车已经在站台迅速燃起大火的情况下，相邻对向轨道应当禁止列车进站，以免引发第二列列车着火，显然，行车调度员并没有这样安排。当列车发生火灾时，司机也并没有采取紧急疏散措施，是造成列车上大部分乘客被困的原因之一。

❸ 经验教训

这次火灾事故堪称地铁火灾中最严重、最具反思的事故之一。造成事故甚至使事故升级的原因包含多方面：

(1)安全检查力度不足，使犯罪分子有机可乘，在列车上纵火。现在我国各城市已陆续开始重视地铁车站的安检力度，将事故及早阻止在地铁线路以外。

(2)两列列车的司机对整列车乘客的疏散组织工作都显得不足，没有及时疏散乘客，在不能打开列车车门的时候也没有及时地通过广播告知乘客逃生的手段。

(3)行车调度员指挥不当，致使第二列列车本应可能避免事故，但最终却成为事故的一部分，车上人员死伤惨重。

案例七　芝加哥列车脱轨撞上站台事故

❶ 事件回放

2014 年 3 月 24 日，美国芝加哥一辆 8 节车厢的蓝线捷运列车在驶入奥黑尔国际机场站时，撞到了轨道缓冲杠，进而脱轨，如图 6-9 所示。列车的第一节脱轨并撞上了乘客通往机场的电动扶梯。列车司机和 32 名乘客受伤被送往医院，损失约 910 万美元。

a)

b)

图 6-9　事故现场图

❷ 事故原因

列车以 26mile/h[1] 的速度接近停车挡，并触发了紧急制动。但因为列车速度过快，所以没有及时停下，冲撞到了轨道的缓冲杠。司机告诉调查人员，当列车到达站台时她已经睡着了。她最后能回忆起来的信号是一个黄色加红色的信号，意思是在到达下一个信号机前她需要停车。这位司机已经在最近 7 天内工作了

---

❶ 1mile = 1609.344m。

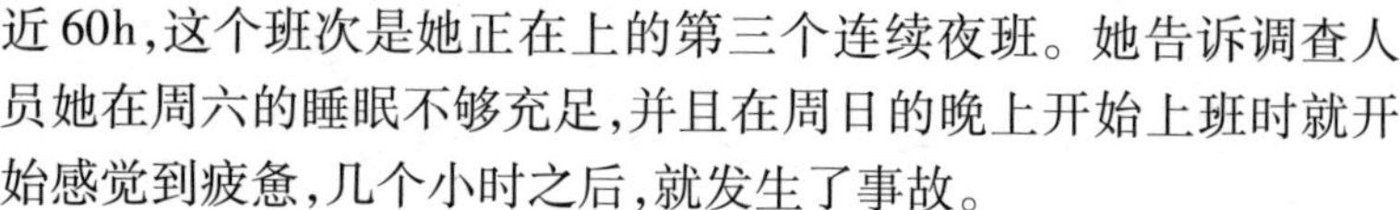

近60h,这个班次是她正在上的第三个连续夜班。她告诉调查人员她在周六的睡眠不够充足,并且在周日的晚上开始上班时就开始感觉到疲惫,几个小时之后,就发生了事故。

❸ 经验教训

(1)司机上岗前应保证良好的休息,遵守纪律,杜绝在值岗期间玩手机、瞌睡等现象发生。

(2)乘务室应会同有关部门,结合前期疲劳测试结果,查看司机排班安排是否合理。

(3)司机若感觉疲劳,难以操控列车,应立即通知督导员,找其他司机替代工作。

(4)电客车司机及工程助理手动驾驶列车过程中,应认真执行作业标准,严格按照规定速度行驶,杜绝超速现象发生。

案例八 旧金山列车相撞事故

❶ 事件回放

2009年7月18日14时50分左右,旧金山市的1433列车撞上了停站的1407列车尾部。列车驾驶员及46名乘客均受伤,同时造成设备损失450万美元。发生事故前,1407列车已经停在了西隧道口站站台。1433列车驾驶员称,列车自动停在西隧道口后,他切断了自动列车控制系统开关,然后手动驾驶列车驶向有足够轨道空间、供停驶的站台。他以5mile/h的速度行驶,在撞到1407列车前他暂时失去了知觉,如图6-10所示。

调查显示,列车的自动控制系统功能正常,当天的天气状况良好,可见度较好,轨道正常,驾驶员在执行工作前接受过相关的培训。列车检查记录表明,在事故发生前列车功能正常,事故当中的最大速度为23mile/h,在撞到1407列车前无制动记录。驾驶员的排班满足法定要求，驾驶员有足够的睡眠和休息，无睡眠问题。医学检测表明，他的暂时失去知觉可能由于心脏瓣膜狭窄所致。

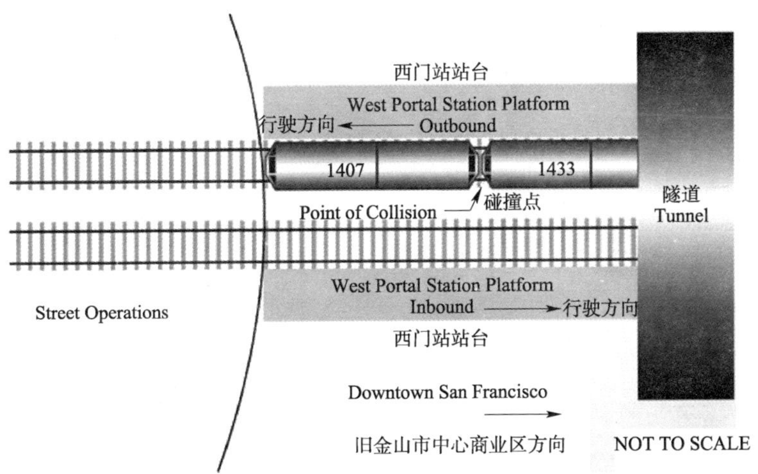

图 6-10　事故还原

❷ 事故原因

地铁相关规定明确：无行车调度的授权，驾驶员不得切断或旁路任何列车功能，不得转换列车驾驶模式。

相关的驾驶员培训手册（2008 年 12 月）也表明，退出自动控制系统速度不得大于 5mile/h。

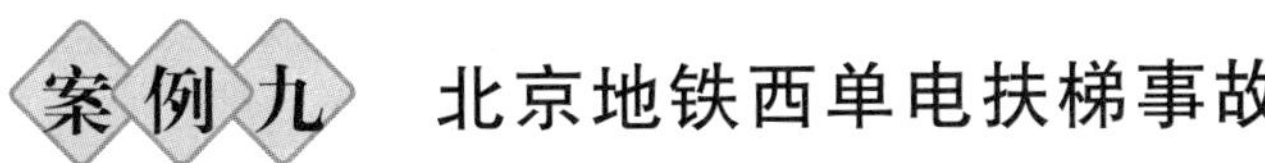

案例九　北京地铁西单电扶梯事故

❶ 事件回放

2011 年 9 月 22 日 11 时 55 分，西单站带班值班站长在站台巡视时发现西单站站台3号电梯故障，有异响，立即停梯，关闭电梯上下围栏，并挂故障牌；同时报机电人员维修，写报修记录。12时00分机电第二项目部电梯维修中心主任唐某某、维修员南某某接到西单站客运人员报修电话，于12时20分到达西单站。机电维修人员到达现场后，根据车站工作人员的描述，对地铁故障情况进行检查，发现在电梯头部梳齿板处有3个小螺钉，进行了清除处理，开启扶梯试运转，看到扶梯运转正常，便向车站工作人员报告修复完成。此时，机电工作人员在未打开该电梯上方护栏门的情况下，打开了该电梯下方的护栏门，且该电梯处于运行状态。恰好有列车进站，乘客乘坐3号扶梯，由于该扶梯上方护栏门未完全打开，形成拥堵，发生乘客挤伤。

❷ 事故原因

经过现场勘查、现场人员问询，并查看录像，调查判断，得出的结论如下：

(1)直接原因：电梯上方护栏门没有打开是造成乘客拥堵、挤伤的直接原因。

(2)间接原因：机电维修人员对扶梯故障处理后，没有按照电梯维修规定进行全面运转检查，也没有按照电梯运行规定与客运人员进行交接；同时也反映出人员管理、安全教育方面存在缺失以及维修规章制度执行不到位等问题。

北京地铁四惠站线路管理用房起火事件

❶ 事件回放

2012年10月14日17时23分左右，四惠车站夜班代理值班站长在巡视车站中发现四惠东厅南通道内线路公司房间有烟冒，立即通知行车值班员和值班站长。行车值班员在17时25分左右到达现场，用锤子将房间门砸开，由于室内烟太大，无法进入，值班员、保安员从通道另一窗户到达该房间朝东的窗户外，砸开窗户，使用灭火器向屋内喷射。四惠站区副站区长于17时29分赶赴现场，参与指挥灭火，同时站区长向调度员报告房间冒烟事故。值班员于17时33分左右向行车调度汇报。乘客报火警，17时35分左右消防队赶到现场，出动了4辆救火车，使用车站消火栓经过了大概10min的水灭，将火扑灭。随后消防局和派出所对相关现场进行隔离保护。

经现场观察，室内无易燃易爆危险品，空调室内机插头未与墙壁插座相连，线无烧蚀。房间北墙东侧边缘距地面1米多处，有1根电线自室外穿墙接入，沿着墙角敷设，此线已烧蚀。

❷ 事故原因

事故发生的直接原因：线路公司综合维修一项目部第四维修部巡检人员违规私接电源线为手电充电，电器与电源线被夹在被褥中，过热造成绝缘损坏产生短路引燃了床上用品。

事故发生的间接原因：该房间为维修部人员休息用房，房间管理不到位，用电与防火安全检查、隐患排查存在死角。驻站房间检查工作不细致，人员要求不严格，对部分员工用电和防火安全意识淡漠现象没有引起足够重视，对违章违纪行为治理、用电和火险隐患排查不到位。

 南京地铁列车牵引故障事故

❶ 事件回放

2006年3月15日14时06分，0506车运行至三山街站上行站台停车开关门作业后，正常按ATO驾驶起动，起动后不久，列车

发生冲动，随即自动停车，改用手动 SM 模式驾驶，列车只能以 5km/h 速度缓慢牵引；14 时 15 分，故障列车到达张府园站，按规定开关门作业上下客后开出不久，列车产生紧急制动。手动 SM 驾驶时速度只能维持在 5km/h 左右，故障现象仍然存在；14 时 26 分，列车到达新街口站，进行清客；该车退出运营。造成正线运营晚点近 1h。

❷ 事故原因

列车制动系统中的制动压力开关状态不稳定，在常用制动已经全部缓解的情况下，司机室得不到制动已缓解的信号，导致列车无法正常牵引。

车辆检修和行车部门工作人员安全意识不强，存在侥幸心理。这条电路曾经发生过类似故障，但都是在终点站或存车线附近，未影响到正常运营。加上这类故障难以重现，致使故障一次次被放过，最终造成此次事故的发生。

当值调度处理突发事件能力不足。在事故处理过程中，列车在故障状态下仍然载客运行了两个区间，致使影响正线正常运营近 1h。

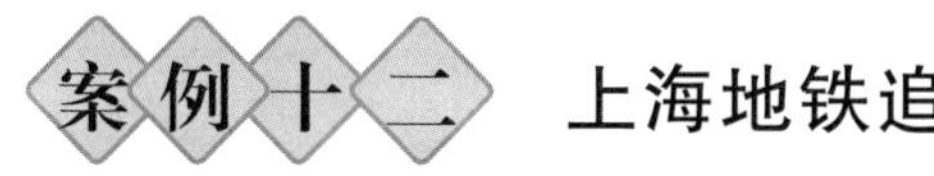

案例十二 上海地铁追尾事件

❶ 事件回放

2011 年 9 月 27 日 14 时 10 分，上海地铁 10 号线新天地站信号系统故障后，自动控制列车停车，交通大学至南京东路上下行采用电话闭塞方式，列车限速运行。14 时 51 分，豫园至老西门下行区间两列车不慎发生追尾，事故还原如图 6-11 所示。14 时 51 分，虹桥路站至天潼路站 9 站路段实施临时封站措施，其余两端采取小交路方式保持运营，启动公交配套应急预案，公安、武警等赶赴现场协助疏散。截至20时38分，两列事故列车内500多名乘客已经全部撤离车站，经初步统计，约有伤员40余名，大部分为轻微伤乘客。

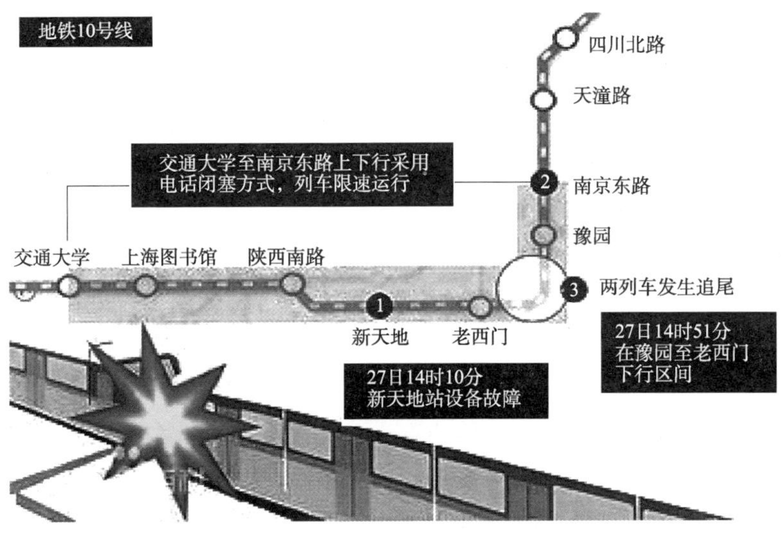

图6-11　事故还原

❷ 事故原因

调度下达采用电话闭塞法的命令后，就将行车指挥权下放到车站，但此时调度需担负起监控职责。调度监控不力是事故一大原因。

电话闭塞后，值班员负主要责任。尽管可能由于行车调度员忘记确认前车位置，而前车一直停在区间没有行驶，造成两车追尾。但如果车站的值班员把新天地站的放行确认信号误发给豫园方向的列车，将势必造成事故。

武汉地铁吊顶瓷砖脱落引发踩踏事件

❶ 事件回放

2014 年 3 月 8 日 5 时 18 分，武汉地铁 2 号线光谷广场站 C 出口处上行电梯上聚集了大量的乘客，如图 6-12 所示。地面出口上方的顶棚处两块瓷砖脱落（每块长约 1m，宽约 0.5m，厚约 1cm，重约 2kg），当即砸中 2 人。

图 6-12　事故现场图

装饰物脱落引发连锁反应，扶梯上不少人不明白发生了什么事，顿时乱成一团，继而有人连续跌倒。不少乘客在宽约 1m 的上行电梯上挤成一团。有 5 名乘客在拥挤中受伤。

事发后，车站随即启动应急预案，地铁站工作人员及民警赶到现场，关停电梯，救治受伤乘客并拨打 120，同时维护现场秩序，疏散 C 出入口乘客，对出口处实行临时封闭措施。同时，通过广播提醒广大乘客保持镇静，听从工作人员引导有序从其他出入口进出车站。

地铁通过广播、微博等手段，对现场情况进行说明，安抚乘客情绪，还对瓷砖脱落的地方进行了隐患排查。确认没有安全隐患后，上行电梯重新开放，出行秩序逐步恢复正常。

❷ 事故原因

日常检查不仔细，安全排查不到位，才使得这样的意外情况发生。车站巡查人员、结构检修人员在日常巡查中应做到认真、仔细，及时发现不牢固的结构、设备、设施，及早维修、降低安全隐患，避免发生安全事故。

参考文献

[1] 国家安全生产监督管理总局宣传教育中心.道路运输企业主要负责人与安管人员安全培训教材(复训)[M].北京:团结出版社,2014.

[2] 国家安全生产监督管理总局宣传教育中心. 生产经营单位主要负责人和安全管理人员安全培训通用教材修订版(初训)[M].徐州:中国矿业大学出版社,2015.

[3] 交通运输部道路运输司.城市轨道交通管理概论[M].北京:人民交通出版社,2012.

[4] 交通运输部道路运输司.国内外城市轨道交通事故案例评析[M].北京:人民交通出版社,2014.

[5] 西安市地下铁道有限责任公司.城市轨道交通应急处理.[M]北京:人民交通出版社股份有限公司,2015.

[6] 南京地下铁道有限责任公司.城市轨道交通运营安全[M].2版.北京:人民交通出版社,2014.